ちくま新書

日本の大課題 子どもの貧困
——社会的養護の現場から考える

池上 彰 編

Ikegami Akira

1113

はじめに

池上彰

2014年1月から3月にかけて日本テレビ系列で放送されたドラマ『明日《あした》、ママがいない』は、大きな反響を呼びました。いや、正確には、全国の児童養護施設から厳しい非難の声が上がったのです。

このドラマは、児童養護施設を舞台に、さまざまな事情で親と離れた子どもたちの様子を描きました。

初回の放送で、赤ちゃんポストに預けられていたという設定の子どもが、施設の中で「ポスト」というあだ名で呼ばれていたことについて、全国で唯一赤ちゃんポストを運営している病院が、番組の内容再検討を求めました。

また、ドラマの中で、施設の長が、里親に引き取られるのを待っている子どもたちに対して、「お前たちはペットショップの犬と同じだ」などと言うシーンもあり、これが関係者の反発を呼びました。

全国児童養護施設協議会と全国里親会は会見を開き、「視聴者の誤解と偏見を呼び、施設で生活している子どもたちの人権を侵害しかねない」と批判。子どもへの差別や偏見を助長するような表現を改めるように求めました。

こうした抗議を受けて、番組のスポンサー各社が、番組内で自社の広告を出すことを辞退し、ACジャパン（旧・公共広告機構）の公共広告に切り替えるという事態に発展しました。

この騒動は、児童養護施設が、外からどのように見られているか、その厳しい現実を関係者に突き付けました。番組自体は、事実を誇張している部分が多々あるにせよ、このような偏見にさらされていることを、私たちに教えたのです。

その一方、毎年春先になると、全国の児童養護施設に、「伊達直人」の名前でランドセルが届けられます。伊達直人とは、漫画『タイガーマスク』の主人公。児童養護施設出身の伊達直人は、得た収入を自分が出た施設に寄付し続けます。この漫画の読者たちが、伊達直人の名前を使って、ランドセルを送っているものと見られます。

世の中には、心やさしい人がいるものだ……と思う一方、小学校に入学する子どもの数より多いランドセルが送り届けられたりすることもあり、プレゼントを受けた施設の側は、感謝しつつも戸惑っていると伝えられています。

興味本位なのか、それとも善意からなのか。児童養護施設への関心の高まりは悪いことではありませんが、こうした動きは、施設への正しい理解に欠けているようにも見えます。

そもそも児童養護施設とは、どういうものなのか。どんな課題を抱えているのか。その実情を、広く知ってもらおうと考え、この本が完成しました。

いま、なぜ児童養護施設なのか。それは、ここに、いまの日本が抱える「子どもの貧困」が集約されているからです。

GDP世界3位の日本は豊かな先進国。それなのに、子どもの貧困率は高く、貧しくてきちんとした教育を受けられない子どもたちや、家庭が崩壊して親の愛情を十分に受けられないで成長してきた子どもたちが、さまざまな問題を引き起こしています。

こうした子どもたちが、児童養護施設にやって来ます。精神的に不安定だったり、学習が極端に遅れていたり、子どもたちの様子は、「子どもの貧困」の本質を映しています。子どもの貧困問題が最も象徴的に集積されているのが、児童養護施設なのです。

日本の社会保障政策は、家族を単位として実施されています。このため、家族から切り離されてしまった子どもたちは、従来の社会のセーフティネットでは救うことができないのです。この子たちを救っているのは、児童養護施設。児童養護施設が、子どもたちを救う最後の砦になっているのです。

ということは、養護施設が直面する困難を分析することは、貧困問題の所在を考えることになるのです。

まずは、読者を代表する形で、池上彰が、施設の運営経験豊富な高橋利一に、素朴な質問を連発します。これにより、児童養護施設が抱えている問題が浮き彫りになるはずです。

さらに、児童養護や社会的養護に関して研究している池上和子が、子どもの現実や親の問題、学習困難に陥っている子どもたちの実態を解説します（第4章〜第7章）。

その上で、施設からの自立を支援してきた高橋利之が、児童養護施設からの自立・自立支援を語ります（第8章）。

全体を通して、児童養護施設についての重層的な解説を試みました。いわば、一般読者を想定した「児童養護施設問題入門」の役割を果たすことを期待しています。そこから、読者は、日本の貧困問題を考える糸口を摑むことが可能になるのではないか。それを願っています。

2015年2月

ジャーナリスト　池上　彰

日本の大課題 子どもの貧困——社会的養護の現場から考える【目次】

第Ⅰ部 児童養護施設からの問い

対談＝池上彰×高橋利一

第1章　社会的養護とは何か——家族リスクと子どもの貧困

†児童養護施設とは何だろうか？

池上　まずお聞きしたいのですが、児童養護施設とは簡単に言うとどのようなものですか。

高橋　戦前は孤児院、養育院と呼ばれていました。昭和22年（1947年）に児童福祉法が公布された時、戦災孤児、引き揚げ孤児など親のない子どもたち（孤児）を中心に養育していく場所として、養護施設が制度化されました（児童福祉法第41条「保護者のない児童、虐待されている児童、その他環境上養護を必要とする児童を入所させて、これを養護する」）。

池上　児童養護施設ができた頃は、戦災孤児を対象としていたのですね。

高橋　ええ。そもそも養護施設というのは家庭・親に代わる養育の場所でした。とはいえ、当時はまだ制度も設備も整っていなかったので、家庭と同然に1対1で子どもの面倒をみて養育することは難しかった。しかも、戦後すぐの時代は戦災孤児が街にあふれ、多くの子どもの面倒をみることが緊急に必要とされていましたし。

昭和20年（1945年）に終戦を迎えるとともに、孤児対策が急務となりました。とりあえず国は緊急保護対策要綱を定めて対応しました。そして児童の育成は保護者とともに国が責任をもつと公的責任を明らかにしました。児童福祉法は昭和22年（1947年）公布、翌23年（1948年）施行されましたが、その間、瓦礫の中で生活していた子どもたち、あるいは大陸から引き揚げてきた親がいない子どもたちの面倒をみる場所が必要とされていました。従来の施設だけでなく、子どもたちが生活できる学校や軍の宿舎などが利用され、大陸からの引き揚げ船が入港した福岡や神戸、舞鶴などにも作られたわけです。東京の子どもたちが学童疎開していた長野など、学童疎開先がそのまま公立の施設になった例もあります。

池上　疎開先から東京に戻ってきたら、わが家が空襲でなくなっていたわけですね。

高橋　東京は焼け野原になり、帰る家もなければ引き取る親もいない。だから疎開先がそのまま施設になった。公立の養護施設には、そういう経緯で設立されたところがわりと多いんですよ。

池上　あの当時の上野駅周辺の映像を見ると、浮浪児がたくさん映っていますよね。

高橋　空襲で家族が散り散りになって行方不明になったり、疎開先から戻ってきたりした子どもたちです。東京都には石神井学園という都立の施設がありますが、当時は何百人もの子どもたちが入所していました。この施設は渋沢栄一さんが初代の園長でした。

池上　ところが今では、実の親が養育を拒否したことによって、養護施設に来る子どもたちが増えてきている。こうした傾向はいつ頃から始まったのですか。

高橋　昭和30年代前半から中頃にかけて、戦災孤児が中学校を卒業し、就職することで自立していきました。孤児で入所した子どもは施設長が親代わりとなり保証人となって、アフターケアとしての役目を担ってました。でも当時は、まだまだ貧困でわが子を養育できないケースが多かったのです。それが、一般社会でも高度経済成長のなかで家族のあり方が変質しました。お父さんが仕事に拘束されて家に帰ってこなくなり、お母さんが子どもたちを家庭で守る。この構造になりました。しかし、父親の収入だけではけ経済的にやっていけなかったり、父親が育児放棄したりして、お母さんが精神的に疲弊し、やがて母親が仕事に出るようになっていく。その結果、子どもが家庭に取り残されていく。こうした現象が顕著になってきたのが昭和40年代です。「鍵っ子」と呼ばれる子どもたちが放課後に目立つようになり、東京オリンピックは昭和39年（１９６４年）ですから、その後あたりから養育放棄される子どもが施設入所要因として出現してきました。

池上　ちょうど日本が、高度経済成長のとば口にさしかかった頃ですね。その頃、「鍵っ子」という言葉が流行しましたね。子どもがアパートに帰ってきても、両親ともに働きに出ているから、自分で鍵を開けて家に入った。

高橋　首から鍵をぶら下げている子どもの写真をご記憶かと思います。それで政策的には、幼児のための保育所から、小学生のための学童保育のような子どもたちの面倒をみるシステムが必要となってきたのです。

池上　先ほどの話に戻りますが、戦後の養護施設の成り立ちには２つのパターンがあって、ひとつは大陸からの引き揚げ者のためにつくられたところ、もうひとつは疎開先がそのまま施設になったところがあったそうですが、都市部にはどのような形で施設が整備されたのでしょうか。

高橋　東京では7割が焼野原となり生活の一切を失いました。私も父が宮内省の役人をしていたので皇居の近くの官舎にいましたが、父が出征した後、祖父の経営する立川の少年保護施設で母が少年たちの食事づくりを手伝うことになり、私たちも移住しました。この施設にも、戦災孤児たちが入所してきました。そしてその後、児童養護施設となりました。こうした例は他にもあります。都内でも自宅を開放して始められたり、お寺のご住職さんが、お寺を開放して子どもたちを養育したりしました。だから今でも仏教系の養護施設もあります。

池上　お寺に疎開することがけっこう多かったですからね。

高橋　ええ。ですから、児童養護施設にはお寺のご住職が施設の園長になっているところもあるんですよ。

池上　疎開先のお寺がそのまま養護施設になった。

高橋　あと大きな施設の場合、海外からキリスト教系の慈善団体が日本に支援に来て、国有地や軍の当時の建物を国から借り受けて始まったものもあります。

池上　ＮＨＫラジオで放送された『鐘の鳴る丘』（昭和22年〔１９４７年〕から昭和25年〔１９５０年〕までＮＨＫラジオで放送されたラジオドラマ。菊田一夫作）なんて、まさにそうですよね。

高橋　「緑の丘の赤い屋根／とんがり帽子の時計台／鐘が鳴りますキンコンカン」という主題歌が流行りました。

池上　あのドラマの舞台は、いわゆる孤児院ですよね。

高橋　私も小学生の頃、学校の映画教室で観に行きました。そこでみんなで手を叩いて笑ったり、涙を流したりしたことを覚えています。私は祖父の仕事を身近に見ているので、孤児院というのはまさにああいう姿でした。

池上　海外からはキリスト教系の慈善団体が来て、施設をつくった。

高橋　アメリカの有名な孤児院である「少年の町」のフラナガン神父も日本を訪れ、孤児救済のための施設づくりに尽力された。あと小学校にもララ物資（アジア救済連盟が提供していた日本向けの援助物資）がきて、脱脂粉乳が配給されたりした。給食の最初はミルクでしたね。

池上　私もそのララ物資で育って、脱脂粉乳を無理やり飲まされた世代ですから。

あまりの異臭に、鼻をつまんで飲んだものです。

高橋　私の施設では、立川に陸軍の飛行場があったので戦後は接収した米軍の兵隊たちが学園の建物を修繕したり、林を切り拓き庭造りをしたり、食糧などの支援をしてくれたりしました。ある年のクリスマスにはヘリコプターでサンタクロースがやってきて、庭の上空からプレゼントを贈ってくれたこともありました。

†地域の篤志家が担ってきた役割

池上　現在の養護施設のルーツはどこにあるのですか。まず、昔からのいわゆる孤児院というのがありますね。

高橋　もっとさかのぼれば、それこそ聖武天皇の皇后である光明皇后が皇太子妃時代、723年（養老7年）に設置した悲田院《ひでんいん》（仏教の慈悲の思想に基づき、貧しい人や孤児を救うためにつくられた施設）から始まります。

池上　貧しい人々を救済するための救貧院ですか。

高橋　現在のような施設のかたちになってきたのは明治の中頃で、代表的なのは石井十次《じゅうじ》（1865―1914。キリスト教社会事業家で孤児院の創始者）が明治20年（18

87年）に始めた岡山孤児院です。彼は明治38年（1905年）に無制限収容主義というのを掲げ、翌39年（1906年）に起きた東北の大飢饉の際には自ら東北に出向き、824人もの子どもたちを岡山まで連れて帰りました。

池上　東北から岡山までですか。

高橋　ええ。それと同時に、東北に施設をつくる支援もした。孤児院の歴史としては代表的なものです。東京でも福田会や東京育成園のように100年を超える歴史のある施設があります。至誠学園の前身は私の祖父が創設した少年保護事業です。明治45年に岡山孤児院の職員だった山室軍平さんが神田に救世軍の本部を作られましたが、祖父が神田で製菓問屋を商っていた関係で、その宿泊所にいる2人の少年の養育を頼まれたのが始まりです。しかし、こうした支援はスポンサーがいたからこそ可能だったんです。

池上　そもそも日本の学校給食というのは東北の飢饉の時、山形県鶴岡市の寺子屋で子どもたちにおにぎりを出したのが始まりと言われています。そういう戦前から続く歴史があって、戦後、疎開先の寺がそのまま施設になったり、引き揚げ者のための受け入れ施設ができたり、あるいは海外のキリスト教系の施設ができたりしました。養護施設の系譜はその3系統ぐらいですか。

高橋　他には、戦前は、個人が善意で他人の子どもの養育にあたっていたが、児童福祉法に基づいて施設や里親として養育をするようになったというのがあります。これが今日の里親制度のルーツです。

さきほど申し上げたとおり、昭和22年（1947年）に児童福祉法が公布されるまでにおよそ2年のタイムラグがあったわけですが、その間にも身寄りのない子どもたちを養う必要がありました。その役割を担ったのは善意の人や団体だったのです。この間に法整備が進み、規準を満たしていなければ、養護施設として認可を受けてつくることができなくなった。けれども個人であれば、都道府県の知事の認定を受けて里親になれた。ですから社会的養護は施設と里親制度によって子どもの面倒をみることは可能だったのです。

池上　でも当時は敗戦直後で、みんな生活が大変だったでしょう。そういう状況で里親になるのは、並大抵のことではなかったと想像されますが……。

高橋　おっしゃるとおりです。しかし、戦災孤児や引き揚げ孤児たちの姿を見ていて、居ても立ってもいられない思いで、家族の一員のように家庭で養育された人たちがいたのです。こういう里親制度は、戦前からありましたが、児童福祉法で公に位置づけられて重要な施策となりました。

私の実家も、菓子販売業を営んでいた祖父母が明治の終わりに、先ほど述べた2人の少年を自宅に引き取りました。これが、私の家系が児童養護施設を運営するようになったそもそもの始まりなんです。その後は、少年院を出た、社会的に受け入れられない少年たちを更生させる役割を担ってきました（少年保護）。具体的には、働くことと食べていくこと、さらには尋常小学校程度の教育を提供していました。昭和21年（1946年）にその祖父（稲永久一郎）が亡くなってからは、タケノコ生活を余儀なくされました。いろいろな資産を売り払い、糊口を凌ぎながらやってきたわけです。石井十次も自己実現として精力を注ぎましたが「事業は一代」といわれて一代で岡山孤児院を解散しました。今は別の名称で当時の関係者の方々によって施設を経営されています。

池上　地域の篤志家が身寄りのない子どもたちを支えてきたわけですね。

高橋　昭和30年（1955年）から40年（1965年）にかけて、篤志家が営む施設はだいぶ少なくなりました。祖父の世代が役割を終えた頃ですかね。その背景には、戦争の記憶が希薄になり、戦災で親を失った子どもたちが成長して支援も終わったという意識が社会にあり、薄れたことがあります。こういう仕事は児童福祉法の精神に則って国がやるべきだという考えが強く出てきたのです。この考え方を理論的に支えていたのは、最低生活の保障を唱える憲法25条（すべて国民は、健康で文化的な最低限度の生活を営む権利を有する。国は、すべての生活部面について、社会福祉、社会保障及び公衆衛生の向上及び増進に努めなければならない）です。そういった思想により制度が徐々に充実していくにつれて、戦後の混乱したなかで子どもたちへ愛情を注いだ篤志家の人たちが「我々の仕事は終わった」と考えるようになった。このようにして、昭和40年代初め頃から新しい時代が始まったわけです。

でも、こうした変化が自動的に進行したわけでは決してありません。変化を促したのは、福祉の充実を国に求める福祉団体の運動でした。年末の予算獲得運動には、私はまだ若かったので、鉢巻きを締めて夜討ち朝駆けで自民党本部や厚生大臣の奥さんのところに行って、予算対策本部の指示で情に訴えるような運動をしていました。たとえば、4つ割りにしたリンゴの絵を見せて、「施設の子どもはこういうリンゴしか食べられない。おやつ代を4円上げてください」と訴えたり、あるいは、アイロンに手をかざして暖を取っている子どもたちの写真を持参して見せたりもした。自民党の本部に行って予算委員会の直前に資料を渡して「先生、これをよろしくお願いします」と頭を下げて予算取りもしましたね。

†どんな組織が施設を運営しているのか

池上　今、いろいろな児童養護施設がありますが、組織の形態としては何種類あるのでしょうか。

高橋　経営主体として基本的なものは、民間施設では社会福祉法人が経営する児童養護施設です。社会福祉法人というのはそもそも、公的な支援をするために社会福祉事業法がつくられて（昭和26年〔1951年〕施行。平成12年〔2000年〕、社会福祉法に改組）、個人には支援できないけれども法人は支援するということで始まりました。現在、85％の養護施設は社会福祉法人・財団法人など民間の団体となっています。ただ、なかには戦前から財団法人のままでやっているところもある。でも財団法人だと、法的な支援に限界があります。こうした施設には、2歳から18歳までの子どもが入所できます。

池上　都立や県立など、地方自治体によって運営されている施設はないんですか。

高橋　あります。しかし現在、都道府県が経営している施設が指定管理で民間委託に移されたり廃止したりしています。子どもを育てるのは公的基準であるサービスの範囲からはみ出すことも多く、現在の重篤なケースに対して制約の多い公の施設では対応できないこともあるのではないかと思います。

池上　公立から民間に経営が移りつつあるということですね。先ほど、入所年齢は2歳から18歳までとおっしゃっていましたが、こうした施設にも2歳から入れるんですか。

高橋　ええ。0～2歳未満児には乳児院があります。

池上　2歳から18歳というと、年齢にすごく開きがありますよね。面倒をみるほうは大変なのではないでしょうか。

高橋　ええ。第1次自我が形成される2～3歳期に、人格の約70％が形成されるといわれています。この重要な時期を親ではなく他人が面倒をみるわけですから、その大変さは並大抵ではありません。もちろん、おしめを替える、食事を与えるなどといった物理的な大変さもありますけれど、その後の子どもの人生を考えた時、私たちは重い責任を感じるわけです。

池上　2～3歳の子どもというのは、「自分の問いかけに答えてもらいたい」という欲求を常にもっているものですよね。だから大人は、子どもの目を見ながらきちんと応対しなければいけない。つまり、施設の職員が母親の代わりを務めなければならない。これは大変なことですよね。

高橋　やはり現場では、子育て経験のあるベテランスタッフの存在が不可欠です。けれども人材が集めづらく、保育士や社会福祉士の国家資格を得た、大学を出たばかりで子育ての経験も少ない若い人たちが中心となって従事するわけですから、研修にも力を入れ専門的な内容だけでなくOJT（オン・ザ・ジョブ・トレーニング、職場での研修）の方法や直接のケアはベテランとのチームで担当していきますが、24時間を分担するうえで一人のパーソナリティを期待されることが多いのです。

池上　子育て経験がないと、子どもが示すサインに気づくことが難しいですよね。

高橋　見学にいらした方から「わが子すらなかなか育てられないのに、若い方々がよくやってらっしゃいますね」とよく言われます。

†措置によって養育が委託される

池上　子どもたちはどういうルートで施設に入ってくるんですか。

高橋　昭和22年に児童福祉法が公布され、その法に則り第12条によって都道府県に児童相談所の設置が義務づけられました。都道府県知事が措置権者となり、その執行を児童相談所長に委任され行われます。そこでは基本的に、「措置」というかたちを取ります。本来であれば、実の親が子どもの面倒をみなければいけない。けれども諸事情により親が養育できない場合、公が実親に代わって子どもの養育の面倒をみる。この判断をする機関が児童相談所です。東京であれば都知事、県であれば県知事が措置権を持つわけですが、実際の執行機関は児童相談所になります。

池上　「措置」というのは、何だか冷たい言葉ですね。

高橋　行政処分ですからね。

池上　親に代わって行政が敢えて措置するということですか。

高橋　そうです。親権を代行することになります。

池上　行政処分だから、「措置」なんですね。私が養護施設について「ああ、そういう仕組みになっているのか」と気づいたのは、オウム真理教の一連の事件があった時です。警視庁がオウム真理教の教団施設に強制捜査に入ったら、小さな子どもたちが何人もいた。子どもたちの親は逮捕されて面倒をみられないので、新宿にある東京都児童相談センターに連れてこられて一時保護されたことがありました。

ところで、児童相談所で行政処分が下ったら、「養護施設に入れていただけませんか」という依頼がくるんですか。

高橋　そうですね。でも、措置が決定されるまでには一定の調査が行われます。まず、児童相談所の児童福祉司、ソーシャルワーカーが家族の状況、社会的な状況などを調べる。その間、子どもたちは一時保護所で過ごすわけですが、そこでは保育士、指導員が行動の状況などを観察する。そのうえで児童福祉司、心理判定員、児童相談所長の三者、また必要によって医師とで会議をして、子どもの処遇を決めます。昔は措置会議と言ったんですが、今は自立支援会議と言います。

そのときに、親の同意を前提に子どもの養育、治療等の公的な責任を持つのか、場合によっては親に返すか、通所指導か施設が空くのを待ってでも、という選択肢も含めて討議する。そして児童福祉法第27条第1項第3号（児童を小規模住居型児童養育事業を行う者若しくは里親に委託し、又は乳児院、児童養護施設、障害児入所施設、情緒障害児短期治療施設若しくは児童自立支援施設に入所させること）に基づき、養護施設あるいは里親に行くことが決定される。養護施設が選ばれた場合は、児童相談所が電話をかけて施設の空き状況を確認し、空きがあればそこに行く。

子どもはその施設を実際に見ていないんだから、本当は行きたくないかもしれない。実親が躊躇するかもしれない。しかし、養育の委託はあくまで公の権限にもとづいて執行されるわけですから、いったん措置が決まれば、どの施設に行くかは児童相談所長が判断します。

池上　子どもが児童相談所に連れてこられて、2週間ぐらい観察を受ける。それが一時保護と呼ばれるわけですね。その間は具体的にどこで暮らすんですか。

高橋　児童相談所の付属施設であるその一時保護所で生活します。

池上　なるほど、寝泊りする場所があるわけですね。そこで寝起きして、食事も出る。

高橋　ええ。でも、年齢も個々が抱えている問題の性質も考慮されずに保護され、本人の問題点なども観察され、その後の支援方針を考えるので、そう長くはいられないですね。

池上　一時保護所の建物は、子どもが逃げ出さない造りになっているんですか。

高橋　そうですね。一時保護の期間は学校にも行けません。ですので、学習指導を受けたり、テレビを見たり卓球をしたりしています。

池上　なかには逃げ出す子もいるんじゃないですか。

高橋　そうかもしれません。

池上　無断で外に出たら、すぐに分かるようにしてあるんですね。

†子どもたちはなぜ一時保護所にくるのか?

池上　一時保護所に子どもたちは、どういう状態の時に連れてこられるんですか。

高橋　たとえば、疾病が理由で「どうしても育てられない」と親御さんが相談してきた場合は、その場で入所について合意が成立します。あるいは、親御さんが病気で長期入院する、家庭内暴力の夫から逃げているあいだ子どもの保護をしてほしい、そういう場合も同様です。

最近増えてきたのが虐待による入所です。「あの家では虐待しているのではないか」という通報が地域の方たちから寄せられ、福祉司が調べに行って保護するというケースが非常に多い。そこで親に拒否された場合は、所長と警察署長の了解を得たうえで警察官を同行させることができる。そうすれば当然、無理やり親子を引き離すことになる。そういう経緯で来る場合は、親の同意は求められていない。

このように、一時保護所に来る子どもは、親から同意が得られているケースとそうでないケースがあるんです。

池上　実は「児童虐待の防止に関する法律」では、虐待などをされている子どもを見つけたらしかるべき機関に通告することが、我々すべてに義務づけられているんですよね（要保護児童を発見した者は、これを市町村、都道府県の設置する福祉事務所若しくは児童相談所又は児童委員を介して市町村、都道府県の設置する福祉事務所若しくは児童相談所に通告しなければならない。ただし、罪を犯した満十四歳以上の児童については、この限りでない。この場合においては、これを家庭裁判所に通告しなければならない）。

高橋　子どもに深くかかわる職業に従事している人（学校の先生・病院の医師など）には、もっと強い義務が課されています。

†児童福祉法と親権

池上　児童相談所には、親御さんから直接相談を受けて「じゃあどうぞ」という感じで入所する子どももいれば、親から引き離され無理やり連れてこられる子どももいる。彼らをひとまず児童相談所で一時保護し、専門家が生活観察や面接などをして、社会調査などを加えて会議の結果、対処を決める。それで施設に入ることになったら（児童福祉法第27条第1項第3号）、あちこちに電話をかけて施設の空き状況を確認する。こういう手順になっているわけですね。

高橋　最近東京では、各施設の空き状況を定期的に報告するように求めていて、児童相談所は把握できるんですよ。毎月、月初めや15日など決まった日に、施設が都道府県の担当課に在籍状況を報告していますから、児童相談所はそのデータを参照すればいい。

来所する子どもたちはそれぞれ複雑な事情を抱えています。本来であれば、児童福祉司が子どもの希望を聞いて、条件に適った施設を選んだほうがいい。けれども実際には、なかなかそうはいかない。どこの施設も定員に空きがないから、そんなに丁寧にことを進められないんです。でも、空くまで待つから是非にそちらで受け入れてほしいというケースもあります。

池上　でも、児童相談所から先生のところに「今からこういう子どもを引き取ってもらえませんか」と連絡が来た場合、「はい、誰でもいいですよ」と言うわけにはいかないでしょう。そういう時にはどうするんですか。

高橋　基本的には、法によって受け入れを拒んではいけないことになっています。定員定額といって、60人の施設であれば60人分の措置費が事務費として国から支給されている。また、それとは別に、子どもの数に応じて事業費（生活費）も支給されている。つまり、施設が子どもを選べない待機制を前提として児童養護施設は運営されている。しかし、施設によっては「今は女の子の部屋が空いていない」「小さい子を受け入れるのはちょっと無理」などといった個別の事情を抱えていますから、そういう場合は断ることもある。加えて、今はやはり重篤ケースが増えてきていますから、うちの力量ではその子を預かるのは無理ということで断る場合もあります。

池上　「重篤ケース」とはどういう状態ですか。

高橋　いろいろな要因が重なっているケースのことです。たとえば、精神的な病気や虐待を受けた子どもの背後には、貧困やDV（家庭内暴力）といった問題がある。その子を受け入れた場合、施設は夫婦間の問題にまで介入しなければならなくなる。つまり、業務の範疇に「親指導」やカウンセリングなどが含まれるわけです。

池上　なるほど。児童相談所ならまだ分かるけれど、養護施設も実親に対峙しなければならなくなるわけですね。

高橋　その通りです。だからケースによっては、施設で子どもを預かっていることを伏せることもある。もちろん児童相談所の指示に従って親から子どもを守るためです。その場合、たとえば学校に登校する時にも職員が付き添い、教室でも職員が待機する必要がある。なぜなら、いつ親御さんが子どもを連れ戻しにくるか分からないからです。

先ほどの児童福祉法第27条第1項第3号によって措置されたのではない保護者は同意をしていないわけですから、いつでも連れ去ることができる。けれども私たち養護施設としては、子どもを虐待から守らなければならない。これは大きな責任です。児童福祉法第28条では、子どもが虐待などの危機的状態にある場合には、児童相談所の判断で家庭裁判所の承認を得れば、親の意に反してでも子どもを保護できると定められている。つまり親が同意しない場合、裁判で決着をつけずに親権を一時的に放棄させることが可能なわけです。重篤というのは、こういう問題を抱えているケースのことです。

池上　なるほど。児童相談所から「この子を入所させてください」と依頼される時、当然のことながら事情説明はありますよね。背後にある家族関係によっては、「これは重篤だから受け入れるのは無理だ」と判断することもありえるわけですね。

高橋　ええ。逆に、困難を承知のうえで敢えて受け入れることもあります。これは施設の使命ですから。でも重篤なケースの場合、受け入れるかどうかを決定するまでには、かなり時間をかけて施設側と児童相談所の児童福祉司と協議しなければならない。たとえば医療が伴うケースをコーディネートできるか、そうでなければ後々、恒久的に施設側が責任を取れなくなることも考えられますから。それは子どもにとっても不幸なことです。

今では児童福祉法に基づいて、法を犯す恐れのある子どもたちのための「児童自立支援施設」、情緒的に問題のある子どもたちのための「情緒障害児短期治療施設」、知的障害児のための施設などがあります。児童相談所も、子どものケースによってはそういう施設を選ぶことがある。しかし親の立場で考えるならば、「あなたの子どもは法を犯す恐れがある」なんて言われたら、なかなか入所に同意できないでしょう。

親が子どもに対する虐待の事実を認めない場合、養育困難と見なされて養護施設に来るケースもあります。子どもは入所して生活が安定してくると、「実はお父さんにこんなことをされていた」とか「1週間もご飯を食べさせてもらえなかった」とか、徐々にそういうことを語り始める。そういう話は子どもたちの心身が落ち着きを取り戻して、初めて出てくるんですよ。「ああ、この子はやっぱり虐待されていたんだな」と再認識するわけです。

†罪責感に苦しめられる被虐待児

池上　親が押しかけてきて「子どもを返せ」と言ってくるようなこともあるんですか。

高橋　ええ。子どもはその施設にはいないのに、探し回ったりすることもあります。

池上　そういう時にはどういう対応をされるんですか。

高橋　「こちらとしては答えられないから、児童相談所にお尋ねください」と答えます。

池上　子どもがいてもいなくても、同じ対応をされるわけですね。

高橋　措置権者として児童相談所が預けたわけですから、その意向に沿わなければなりません。ケースによって多少違ってきますが、基本的には同じ対応をし、児童相談所が親に子どもの居場所を伝えないようにしています。

池上　でも、親が養護施設の前に張り込んで、自分の子どもを見つけだして怒鳴り込んでくることもありそうですね。

高橋　ありますね。何日間も門の前に立ち続ける男の人がいたり、子どもが「ちょっとおかしい人がいるよ」って教えてくれたりすることもあります。

たしかに父親、あるいは義父らしい人です。子どもにとって親はかけがえのない存在ですが、被虐待児の父親に対する思いは複雑です。子どもは「自分が悪いからお父さんが殴ったんだろう」と解釈する傾向があります。

池上　自分を責めるんですね。

高橋　ええ。これは被虐待児の標準的な感情です。だから子どもたちの前で、お父さんやお母さんの悪口なんて絶対に言えません。でも、いずれは真実告知を考えなければなりません。誰がいつ、その事実を話すかが重要です。やがて思春期を迎える頃には、子どもは「もう家には帰らない」「自立したい」とか、そういう判断を自分でします。こういったケースは5年、10年というような長いスパンで自立を考え、大学進学なども視野にいれて人生計画をみていかなければなりません。

池上　客観的には虐待されているように見えても、子どもにとってはやっぱり唯一の親ですから複雑ですね。

†親権という難題

池上　養護施設について考えるときに避けて通れないのは、親権の問題でしょう。親は子どもを虐待していたにもかかわらず、ことあるごとに施設の運営に口を出し、子どもの将来に関しても足を引っ張る。里親さんにおいても、実親の親権というのが問題になることが多いようです。里親と実親の権利（親権）を比べると、どちらが強いのでしょうか。

高橋　児童福祉法は、児童に関するあらゆる法に優先して適用されます（児童福祉法第1章第3条「前二条に規定するところは、児童の福祉を保障するための原理であり、この原理は、すべて児童に関する法令の施行にあたつて、常に尊重されなければならない」）。児童相談所長から親の同意を前提として、施設長は措置によって一時的に行政処分を受けた親たちから親権を委託されるのです。児童福祉法第28条により、家庭裁判所の承認を得れば、親の意に反してでも子どもを保護することができます。つまり親が同意しない場合、裁判で決着をつけずに親権を一時的に放棄させるわけです。でも日本の風土からすると、親権はなかなか乗り越えられない。どうしても負けてしまう。

池上　施設の生活の中で、親権が足かせになることはありますか。

高橋　親の同意が必要なときに問題が生じます。また、親の宗教上の問題もあります。

池上　「宗教上の理由により、輸血を認めない」という問題ですね。

たとえば子どもが精神面での治療が必要になる場合、実親の親権放棄は必要なのですか。

高橋　施設長の判断のほうが優先され、親権が制限されるようになったのは、そういうトラブルが多くなったからです。これは、実親に児童福祉法の趣旨をきちんと理解させていなかったことも大きな原因です。措置というのは親が同意しなければ成立しません。ですが、今までは児童相談所がその同意を得る作業を十分にしてこなかった。地域の人たちの通告により判明する虐待のケースでは、親が同意しないことが多いからです。親御さんはあくまで「自分は虐待していない。あれは躾だ」という判断からだと思います。

子どもの人権を守ろうとすれば、どうしても親権の問題を乗り越えなければならない。そして、子どもたちが施設に来た以上、施設に子どもの教育・監護・懲戒権が全面的にまたは一部を任されるので、親が同意しなくても衣食住・教育を保障しなければなりません。そういう場合は、措置ではなくて一時保護的な立場になります。

児童福祉法第28条に則って裁判し、きちんと親の同意を得てから措置にする。措置になれば、措置権者としての都道府県知事がはっきりものを言えるようになりますけれど、それまでは親の意向のほうが強いんです。

昨日こんなことがありました。盲腸で入院した子どもがいたのです。夜中にあまりにお腹が痛いと言うので、職員が救急病院に連れていきました。翌朝、児童相談所の児童福祉司に報告をしました。でも、「実親への連絡がなかった」ことで親御さんが非常に気を悪くした。こちらは児童相談所から措置児として預かっていますので第一に児童相談所へお報せしました。「お母さん、もしも夜中に連絡したとして、病院まで来られるんですか」と反論したのです。そういうやりとりの末、親はようやく同意した。でもそういう場合に親の同意を得るというのは、本来は児童相談所がやるべき仕事なんです。児童相談所の運営指針の中に、それがきちんと書かれているのですから。

池上　特別養子縁組というのがありますが、養子になってしまえば親権の問題というのはなくなるのでしょうか。

高橋　そうですね。特別養子制度は従来の普通養子縁組に加えて昭和63年（1988年）に施行されました。この縁組が成立すると、養親は法律上、唯一の親になります。実親との血族関係は法律上は終了する（民法第817条の9）のです。

池上　養子でも、実親に関して里親と同じような問題が出てくるわけですか。

高橋　里親は施設の長と同じような役割になります。これは措置委託です。したがって、児童相談所の所長が責任を持つ。児童福祉施設は、施設長が責任を委ねられて親権の一部を代行する。親のない子の場合は、全面的にそれを代行します。

実の親にしてみれば、子どもが施設に行くのと里親さんに行くのとでは、受け止め方が多少違ってくる。里親さんはひとつの家庭ですから、子どもを取られてしまう気持ちになるのでしょう。

池上　里親だと、実親の心理的な障壁が高いということですね。

高橋　ええ。施設ならば公的な場所だから、いつでも自分が行って物申せると思っているのかもしれません。

養子縁組による里親の場合、親がすでに親権を放棄しています。でも、子どもはある程度成長すると、実の親は誰なのかということに強い関心を持ちます。自分が養子であることは、戸籍謄本を見ればすぐに分かりますから。

池上　以前、テレビ番組で、そういう人を紹介していました。自分の本当のルーツを知りたいということで。

高橋　養子は自分のルーツが分かるようにしておくべきでしょう。養子縁組で育てられ、せっかく大学に入学したのに、養親が本当の親ではなかったことを他人から知らされて、自殺した子どもがいるんです。事実を知った時にはさすがに辛いだろうし、実の親に対して義憤も感じるでしょう。でも、そこを頑張って乗り越えれば、育ててくれた養親に対する感謝の気持ちが湧いてきて、もっとより良く生きようと思えたのではないでしょうか。現に、そういう例がいくつもあります。

ですから、そういう真実告知をいつ、誰と行なうかがすごく大事なんですね。何か起きてから伝えるのではなく、頃合いを見てしかるべき時にきちんと話をする。それはやはり、措置権者つまり措置をした責任者である児童相談所の福祉司が責任を持って行うべきことだと思います。今後、そういうデリケートな対応をいかに行なうかが大事になってくると思えてなりません。

†養護施設での子どもたちの暮らし

池上　先生が運営されている施設には、何人ぐらい収容できるんですか。

高橋　もともとは定員60人から始めました。時代の経過とともに養護施設へのニーズがどんどん高まって、現在、定員は84人になりました。でも定員が70人を超えますと、家庭的な養護をするには人数が多すぎるので、地域の中に一戸建てを建てたり、住宅を借りたりして、グループホームをつくり、小規模化することにしました。サテライト型施設というのを先駆的に始めたんです。一戸建てを借りて、そこで6人の子どもたちと職員が家族のように生活をする。これは後に、地域小規模児童養護施設として国の制度になりました。その頃には施設で暮らす子どもの数が100人をゆうに超え、きめ細かに子どもの面倒をみることが難しくなり、定員30人の施設を2つ新設しました。

そのひとつはカテゴリーとして0歳からの養護施設というのをつくりました。子どもが乳児院から養護施設へと移る必要がなくなるので、乳幼児期を特定の人に面倒をみてもらえます。兄弟はそこで一緒に生活して、若いお母さん方にいつでも来てもらえるようにしてあります。

あと2013年の4月に開設した施設は高齢児、すなわち中学高校生を対象とした施設です。虐待など自らが抱えるさまざまな問題に関して自分自身で考え、将来に向かって歩んでいく子どもたちに特化した施設です。

池上　中学生から高齢児になるんですか。

高橋　ええ。施設では18歳直前が一番年長になります。そういう子どもたちの施設を30人規模でつくりました。私は、彼らを大学に行かせたいと思っています。過去にはいろいろな辛いことがあったけれども、それをなるべく早い段階で解決して、少しでも前に進んでいくことを願ってやみません。今、子どもたちは全体で150人近くいます。

池上　それに対して職員は何人ぐらいですか。

高橋　職員は100人ぐらいです。

池上　それはすごい数ですね。150人の子どもの面倒をみるには、そのぐらいの数の職員が必要なのですね。

高橋　ええ。でも本当のことを言えば、もっと必要です。なにせ24時間の仕事ですから。夜も泊まり込みで面倒をみなければいけないし、さきほどご説明したように、親が連れ戻しにくる懸念がある場合には、学校の登下校にも付き添わなければなりません。

このように考えてくると、養護施設には限界があることがわかります。これからは、里親制度をサポートするような施設をもっとつくっていくべきでしょう。

†里親制度とは何だろうか

高橋　里親さんを探すのは、なかなか大変です。国は、平成29年（2017年）の「新しい社会的養育ビジョン」において、就学前の子どもの家庭養育原則を実現するために、愛着形成に最も重要な時期である3歳未満については概ね5年以内に、それ以外の就学前の子どもについては概ね7年以内に里親委託率75％以上を実現し、学童期以降は概ね10年以内を目途に里親委託率50％以上を実現することを発表しています。これはもちろん、家庭的養護を推進するためです。それと財源の問題です。やはり、国のお金を借りていたら際限がないですから。

だから里親さんには、少しボランタリーな部分を期待しています。でもそれを進めていくには、やはり相当なサポートをしていかないと無理なんですよね。これまで養護施設で積み上げられたノウハウを使いながら里親さんをサポートし、里親に引き取ってもらう子どもたちを増やしていくのが次の段階だと考えています。

池上　ではいったん施設に受け入れられても、その後里親に引き取られて出て行くという子どももいるわけですね。

高橋　ええ、そういう子もいます。

池上　里親さんとそれぞれの養護施設は、どうやって連絡を取るんですか。

高橋　双方のコンタクトを取るのは、児童相談所の仕事です。この子は家庭的な環境に身を置いたほうがいいだろうと児童相談所が判断した場合、ケースワーカーが里親さんを選んで施設に打診します。

池上　その場合、里親のほうから名乗りをあげて、児童相談所に申し入れするんですか。

高橋　ええ。それは児童相談所を通して、児童福祉法によって都道府県に設置が義務づけられている児童福祉審議会で決めることになっています。私も審議会で里親認定の委員をやっていますが、2カ月に1回のペースでも10家庭ずつぐらい養育里親を希望される方が審議されます。

そのほかに養子を希望する方もいる。養子里親もあるわけです。だから両方の里親探しをするんですけど、そのマッチングがなかなか難しい。里親もしくは養子縁組を希望する方はいるんですが、その家庭に適応する子どもがいないのが現状なのです。

池上　この本を読んで「里親になってもいいな」と思った人は、どういう手続きを踏めばいいんですか。最寄りの児童相談所に行けばいいんですか。

高橋　そうですね。福祉事務所でも近くの施設でもいいですから、まずはそこで情報を得ていただきたい。手続きとしては児童相談所が一定の調査をするので、その結果に応じて審議会で審議し、ＯＫと判断されれば里親として認定されます。

池上　里親認定にあたって、具体的にどのような点が調査されるんですか。

高橋　里親になるための条件は今、割とゆるくなっています。まず、主に養育する方が専業でできるかどうか、という点です。

池上　共働きじゃ駄目なんですね。

高橋　基本的にはだめと従来はされてきました。ただ、その後、平成29年度の児童福祉法の改正により、子どもの養育に支障のない範囲で共働きでの里親も認められるようになりました。あと、これは物理的な問題ですけれど、家に2間以上あることが要件になります。

池上　それなりに経済力もないと駄目でしょう。

高橋　そうですね。ご主人が働いていることが前提になります。ただし、里親には国から措置費が出ますから、子どもの養育費は賄えます。ただ手当に関しては、1人分の働き（月給）に値するような水準の金額までには達していません。

ファミリーホームという里親型のグループホームに関する制度ができたので、ゆくゆくはファミリーホームが養護施設に代わって社会的養護の中心的な機関になると思います。国は、制度的にはグループホームを推進しています。その理由は里親型のほうがコストが少なくて済むからです。コスト的な側面から考えると、里親型は養護施設の約半分の費用で済みますから。税金から措置費が支払われるので、財政状況が厳しい現状ではコスト削減のメリットが強く意識されるのは当然かもしれませんが、子どもの成長を一義的に考えたとしても、お父さん、お母さんのもとで育てられる家庭養護を基本とするグループホームは望ましいあり方なのです。

池上　里親には国から毎月手当が出るんですよね。でも、それは課税対象になるのでしょうか。

高橋　里親手当は、現在、雑所得と見なされているので、里子に関わる必要な諸経費については、確定申告で申告し、認めてもらう手続きをとっています。もちろん、それにはきちんと手続きしなければいけませんが。いわゆる施設に支払われる措置費も、もちろん課税対象外です。

†養子縁組とは何だろうか

池上　養子縁組の場合、措置費は出るんですか。

高橋　出ません。養子は実子と同じ扱いになりますから。ただし、養子縁組するまでの里子としての期間は里親としての措置費が出ます。

東日本大震災をきっかけに、東北地方で「親族里親」制度が始まりました。新聞などでも取り上げられ話題を集めた制度です。以前は4親等でなければ里親になれませんでした。つまり近い親戚はダメだったのですが、この制度によって3親等までが可能になりました。親戚の人たちに子どもたちの面倒を里親としてみてもらうことができるようになりました。養育費と手当が出るようになったんです。だから、震災で親を亡くして養護施設に入った子は少なかったのです。たいていは、身近な親戚縁者たちが引き取って育てている。

池上　養子を迎える家族には、実子を授からなかった方々が多いですよね。

高橋　ええ、お子さんのいない方が多いです。他には、子どもを育て上げたけれど、まだ余力があるから子育てを楽しみたい、里親として社会貢献したいという方もいらっしゃいます。

池上 そういう方は当然いらっしゃるでしょうね。里親のほうはどうですか。自分の実子を育てながら里親を希望するという家庭もあるんですか。

高橋 もちろん実子のおられる家庭もあります。実子と一緒に兄妹のように育てていきたいと希望されている。ただその場合、なかなかマッチングが難しいですね。実子と同じ年齢のお子さんを希望する方がいたり、あるいは実子よりも少し年上のお子さんを希望したり、いろいろと条件が細かい。加えてこの場合に問題なのは、やはり子ども同士の葛藤があることです。たとえば実子と里子が衝突したときに、母親も最後は実子のほうに味方せざるを得ないから、結局は解除されて帰される例もありましたね。

池上 そういう子はまた、心に新たな傷を負いますね。

高橋 ええ。私の施設でも約30年間、里親のセンターをやりました。そこで経験したのは子ども同士の葛藤です。里親の家庭に小さなお子さんがいるのであれば、里子は少し年上の子ども、つまりお兄ちゃん、お姉ちゃん役ができるような子どもが良いのではないかと思っています。育て上げた実子がいるならば、年少の里子を希望し、実子と一緒に里子の子育てをすることもできます。

子どもとのマッチングがなかなか難しいんです。でも児童相談所が里親を選定する際、養育している施設側が意見を差し挟むことはできません。親担当・子担当の児童相談所の協議により、あくまで措置権者として児童相談所が持っているデータをもとに判断することになっているからです。

さきほども言ったように、平成29年度に発表した「新しい社会的養育ビジョン」において、今後の里親委託率の目標とする数値と年限を具体的に取組目標として掲げています。過去に東京都は里親の数がとても少なく、全国でもワースト2ぐらいでした。要保護児童の増加に対応するために予算を組んで里親さんの手当てを増やしたり、児童養護施設に里親をサポートするためのセンターをつくったりして、東京都児童福祉審議会で検討した結果、独自の養育家庭（里親）制度を立ち上げました。それが功を奏して、委託児童は一気に500人ぐらいに増えたんです。

都内8カ所の施設に養育家庭センターを設置して里親／養育家庭の開拓申請手続き、児童のマッチング、委託後の養育支援など、児童相談所のパートナーとして担当してきましたが、30年の経過ののち、本来、児童相談所の仕事であるとの考えから、施設に設置したセンターを廃止し、児童相談所に統合しました。しかし、当時を知る里親からは復活することを願う声が聞かれます。

虐待を受けていたなど重篤なケースの子どもの養護が年々難しくなってきているので、里親制度による社会養護を進めるためにはもっとサポート体制を補強する必要があります。

†養育費は誰が負担しているの？

池上　それぞれのお子さん1人あたりの養育費というのは国のお金なんですか、それとも都道府県のお金なんですか。

高橋　措置費制度は国の制度ですが、その財源は2分の1ずつ国と地方公共団体の負担です。

池上　費用の半分はまだ、国が負担しているんですよね。

高橋　ええ。措置費の2分の1は都道府県が持ちます。だから、たとえば東京都がもっと子どもたちにいいことをしてあげたいということになれば、その持ち出し金額は都道府県の予算から支出される。

池上　つまり、国が定めた措置費の2分の1は都道府県が出さなければならない。それ以上に関しては、都道府県が上乗せすることが可能だということですね。

高橋　そのとおりです。だから都道府県は、最低基準の範囲内で国へ措置費の請求ができるけれど、自分のところにいる子どもたちをより良い条件で養おうと思えば、独自の財源でお金を出さなければなりません。

池上　そうならば、都道府県によってずいぶんばらつきが出てきますよね。

高橋　ええ。各都道府県の財政事情が大きく影響してきますから、お金を引き出すためには、都道府県の議会対策をしなければならない。

池上　議会が認めるかどうかですね。

高橋　ええ。議会が認めなければ、国が定めた基準のままになりますから。とはいえ、都市部よりも地方は物価が安いですから、措置費の額面は同じでも実質は異なります。

池上　措置費は全国共通だけれども、都道府県によって物価が違うから、子どもたちの待遇には多少の差が生じる。

高橋　そうですね。地方によっては、国の措置費の範囲内でも何とかなるかもしれない。でも東京だと物価が高いから、なかなか難しい。

たとえば高校進学にしても、なかには成績が思うように上がらなくて公立高校に行けない子どもがいます。私立であれば面倒見の良い高校がありますけれど、そういう学校は私立ですから公立より学費が高い。学費を負担できないのであれば、その子の高校教育を保障できない。

池上　民主党政権の時、高校教育無償化というのがありましたよね。その恩恵は受けたんですか。

高橋　無償化の恩恵に与ることができるのは、成績が良くて公立高校に入れる子どもたちです。児童養護施設に来る子たちのなかには、中学校もまともに行ってなかった子がいます。虐待を受けながら、学校どころではなかった。そういう子たちは、学校へまともに行っていなければ、学力が伴わないから希望する公立高校に入れない。公立は無償だけど、私立はそうではない。でも、なんとか入学を許可してもらえる私立高校へお願いし、やはり学費を払わなければならない。

池上　でも、あの制度によって、個人負担はちょっと減りましたよね。

高橋　公立の場合、授業料はそれほどでもないけれど、制服を買わなければいけないし、クラブ活動にもお金がかかるし。いずれにせよ、諸経費も含めると、あの制度によるメリットはほとんどないですね。

†苦しい経営事情

池上　措置費というのは今、だいたいいくらぐらいなんですか。

高橋　これは子どもの年齢によっても異なりますが、通常ですと6歳、小学校に上がるぐらいの年齢が基準になっています。国の措置費制度による措置費は、1人について事業費（生活諸費）は5万円くらいです。

池上　それは嵩上げしての金額ですよね。嵩上げがない場合、どのぐらいですか。

高橋　預けた親に費用負担を請求するのであれば、16万円ぐらいです。でもそういう負担ができる家庭の子どもは、そもそも施設に入りません。いずれにせよ、措置費の金額に関しては、措置権者に代わって、あくまで児童相談所の判断で行っていますから、我々には詳しいところはよく分かりません。

池上　高橋先生が施設を運営していくにあたって、その金額で足りるんですか。

高橋　子どもたちが普通の生活ができるように、学校でもお友達と比べて引け目を感じないよう着るものや学用品などに気を使い、食事なども時としては誕生祝などでファミレスで外食する。また基準内の職員数では生活の世話をできないので、余分の職員をおけば人件費もかかります。予算がないからできないと言えないことも多く発生しますし、今年も数千万円という赤字を出しています。

池上　その赤字をどうやって埋めるのでしょうか。

高橋　寄付を募ったり、借金するなど身銭を切ったり。あるいは自分の月給を返上するとか。

池上　そうでしょうね。今時、その金額では持続できないですよね。

高橋　児童養護施設（措置施設）に限っては、財務状況はどこも同じく苦しいのです。ところが、社会福祉法人全体でみると、それほど財政難ではないとみられています。平成25年9月より、厚生労働省が「社会福祉法人の在り方等に関する検討会」というのをやっていて、私も委員に推送されました。その会議では主に介護保険によって経営している契約による高齢者施設と保育所についてが中心となって議論されています。つまり、介護と保育ではお金が余っていると考え、それを何とか吐き出させて、経営主体間で資金を適切に再配分し、地域の福祉の有益な事業に使うことがまず重要です。

その他にもガバナンス、コンプライアンスの問題ですね。社会福祉法人の中にはいろいろな経営主体があって、経営状況が必ずしも望ましくないところもある。そういうところに第三者評価を受けさせるとか、経営手腕を持った人に理事長をやらせる。そういうことが議論されています。

†寄付を募る

池上　赤字になったら寄付を集めるとおっしゃいましたが、具体的にはどういう方が寄付してくださるんですか。

高橋　私たちは新しいコンセプトによる児童養護施設をつくる計画を進めていましたが、資金計画で頓挫していたところ、その計画を聞いて、ゴールドマン・サックスが建設費の一部を寄付してくださりました。その支援により5年前にケアの連続性と家族再統合をコンセプトとした0歳児からの児童養護施設が開設できました。その後高齢児が多くなる中で、大学等への進学支援に力を入れた児童養護施設を、と考え新たなプロジェクトを立ち上げました。借地も見つかり、プロジェクトを本格化させる中、ゴールドマン・サックスに構想をお話ししたところ、子どもの教育を社会貢献の一本の柱としているということもあり、再び会社からのご支援を決めてくださったのです。長期の借入金を覚悟していましたので、涙があふれてとまりませんでした。1年後には予定通りに完成し30名の子どもたちが4つのホームで生活を始めました。敷地内の畑ではご近所の方との交流も始まりました。また社員の皆さんもボランティアで花壇の整備やテラスのタイル貼りなどにも参加してもらい、まさに社会の方々と共に進める社会的養護だと考えました。

池上　寄付金は控除の対象になるんですよね。

高橋　もちろんそうです。他にもビックカメラの社長は電気製品を、後援会はクローゼット30台、共同募金会からは備品など800万円相当を頂戴し、また、個人の方々からも寄付金をいただきました。

昨年、定員30人の児童養護施設をつくりました。土地は東京都の事業団から借り上げることができ（もちろん毎年借地料を支払うのですが……）、その建設費などで約4億円がかかりました。約2億円は国と都から建設補助が出ましたが、残りの2

億は自己負担です。多額の借入金を自己資金として計画を考えました。

池上　単にこの施設のために寄付してくださいと言うよりも、この子たちを大学に行かせたいなどと、目的をはっきりさせたうえで寄付・援助を募ったほうが集まりやすいんですね。

高橋　それが一番です。新しい施設をつくるのであれば、それも目的になります。

私たちの施設からは、この3年間で15人が大学や専門学校に進学しました。制度上、彼らは18歳で施設を退所し、自立しなければならない。しかしアパート代や食費、光熱費など生活費をみずから負担し、経済的にも自立しなければならないのです。さらに進学するならばその学費も必要です。そして、彼らがそれぞれ引きずっている問題を解決して自立するには、18歳まではとても時間が足りない。だから退所後も、彼らは養護施設との関係を続けていく必要があります。

大学を卒業すれば、施設出身者ではなく、「◎◎大学の卒業生」として就職活動ができる。だから、私たちは何とか、そうさせたいと願っています。今年も7人の子どもが高校を卒業し、そのうちの5人が大学に進みました。その資金づくりは一人ひとり異なります。

いずれにせよ、そういう目的を明確に提示したうえで奨学金として寄付を集める。ある会社の社長さんはスポンサーとして、施設のひとりの子どもに継続的にお金をかけてくださった。4年制の大学に通う場合、アパート代まで含めて年間に250万円ぐらいが必要です。その子は学部のときから研究室にはいってロボットの研究をずっとやってきて、この研究を続けたいということで大学院への進学を希望しました。そうしたらスポンサーの方も理解してくださって、大学院の学費も出しましょうと申し出てくださった。しかも、その方は単に資金を出すだけでなく、メンターとしても子どもに寄り添ってくださるんです。ときには子どもを食事に招いてくれることもある。そういう方を探すのも、我々の仕事のひとつです。

池上　フォスター・ペアレントってありますよね。発展途上国の子どもたちの里親になって、長期にわたってサポートする仕組みのことです。

高橋　新聞広告でよく見かけますね。

池上　お話をうかがっていると、日本国内にも、貧困に苦しむ子どもたちがいるということですよね。

高橋　ええ。そして彼らに、次の日本を支える力になってほしい。私はいつも子どもたちに「良き納税者になりなさい。それこそが、お世話になったことに対する社会への恩返しだよ」って言うんです。あるとき、小学生の子が「学園って貧乏なんだってね。お姉さんが言ってたよ」と私に語ったことがあります。すると他の子が「そんなことないよ。こんな立派なうちに住んでおいしいごはんが食べられて、行きたいところに行けるし」と応答していました。お姉さん（保育士）が電気代や水道代のむだをなくすための教育として経済の話をしたことを、子どもがそう理解したのでしょう。職員は言葉の選び方も大切です。

またあるとき、「園長先生、借金あといくら残ってるの？」って聞いてくる子がいました。「2億円かな」って答えたら、「今に僕が返すからね」って言ってくれたことがある。「ああ、ありがとう。嬉しいね」って私は答えましたが、子どもたちがそんなことを言ってくれるようになってきたのも、日常の中に何か満たされたものがあるからでしょうね。家庭でお母さんが父親の月給や日々の生活費のやりくりを子どもに話すように、児童養護施設でも同じような会話をしています。

池上　「良き納税者になりなさい」というのはいい言葉ですよね。「君たちも、みんなの税金で育てられたんだから」という含意があって。

高橋　そうです。それによってお世話になった恩に報いることができる。

養護施設に対する偏見もないわけではありません。養護施設の近所にある分譲地に家を建てたお勤めの方がいらっしゃいました。養護施設が近所にあることを、新居を建てた後で知って、「住宅の価値が下がった」と嘆いていることをご近所の方から聞きました。でも、施設に対してそういう偏見をもっていた方も、その後老人ホームのボランティアとして施設に奉仕してくださっています。

†私財をつぎこんで経営する

高橋　先ほど言った寄付のような社会的な支援こそが養護施設を継続させていく力になる。国がいくら補助金を継続して出しているといっても、それだけでは到底足りないわけですから。

私たちにしても、個人的な財産を施設の運営にほとんどつぎ込みました。だから逆に言うと、すごく気が楽ですね（笑）。もうこれ以上、出すものはない。そこまでしないと、寄付をいただいても私腹を肥やしていると思われてしまうから。講演会で「借金がこれだけあって、この施設には年間１６００万円の返済金が20年間必要です」とはっきり申し上げると、「じゃあ、その返済の借金を私が返しましょう」と名乗り出てくださる方があらわれて、その後ずっと寄付を続けてくださる。その方は「自分が元気なうちは続けるから、高橋さん、大丈夫だよ」って言ってくださる。

池上　養護施設を運営している立場で寄付を求めるとなると、周囲から「お前、まずは自分の金出せよ」という目で見られてしまうわけですね。身銭を全て供出したうえで初めて、他の人に寄付を求めることができる。それはけっこう辛いですね。

高橋　戦後、やむにやまれぬ思いで施設をつくった方々はみなそういう思いを持っていたと思いますよ。そのぐらいの覚悟がないとできない仕事ですから。

池上　ただ、あまり持続可能ではないように思えます。

高橋　その通りです。戦後、やむにやまれない思いで社会的養護に関わった方たちも法制度に適合せず、継続することができなくて止めてしまった例も多くあります。その後、児童福祉法ができて公的な資金が支払われるようになったので、さらに支援を期待するのです。だから2013年、毎日新聞に「養護施設を取り巻く状況は非常に厳しく、子どもたちの11％しか大学に進学できない。どうか国の主導で、継続的な奨学金制度をつくってもらえないだろうか」というような内容の投書をしたんです。その投書記事をちゃんと読んでくださった議員の方がいらして、文科省の予算委員会の時に、私の投書の内容について発言してくださった。「篤志家からの寄付というのは、継続することには限界がある。こういうことはやはり、国がきちっとやるべきだ。この制度は施設にいる子どもたちのみならず、低所得層の子どもたちにも適用すべきだろう。夢を持ち、将来の可能性に満ちた子どもたちのために、今こそ国が動くべきだ」というようなことを言ってくださった。残念ながら、その後の報道では、その会議の内容の「養護施設の子どもの奨学金制度については今回は見送り」という結論だったのですが、出席者は社会的養護の問題を認識したと思うんです。ですから、今回は見送られたけれども、次の機会には実現するかもしれない。だからやはり、できる限りいまの窮状を訴えていく必要があると思っています。私が若かった頃に鉢巻を締めて予算獲得運動に参加して団体の力で要求していた頃を思い出しましたが、子どもの代弁者になるというのは、いろいろな方法を、時代を見据えながら継続することだと思うんです。

†世間はどう見ているか

池上　養護施設を題材にした日本テレビのドラマ『明日、ママがいない』が、いろいろな意味で話題になりました。あのドラマは、養護施設の現場にどんな影響を及ぼしたんでしょうか。

高橋　あのドラマが世間を騒がせる前に、「タイガーマスクの寄付」（2010年以降、伊達直人を名乗る人物から児童福祉施設に寄付が複数回届けられた）が話題になりました。彼らは名前を伏せて寄付していたわけですが、施設の子どもたちに対する思いは我々と同じだと思うんです。そういう方々が、ある意味で施設の存在を浮かび上がらせてくださったのかもしれない。

あの時、進学塾ｅｎａを展開する株式会社学究社の河端真一社長から、都内の養護施設に500万円分のランドセルを寄付したいというお申し出をいただきました。河端さんは慶應義塾大学のゼミで池上さんの後輩だそうですね。私は都内の施設を代表して河端さんの会社にお礼にうかがった時に、「実は、子どもたちの教育に対する支援が不足している。もし塾で席がひとつでも空いているならば、そこを施設の子どもに提供してくださらないか、勉強に参加させてもらえないでしょうか」とお願いしたんです、そうしたら河端さんが、「そういうことなら社員を施設に派遣しましょう」と言ってくださった。それ以来、3年ほどが経ちますが、毎週5~10人ぐらいの塾講師の方々がボランティアとして勉強を教えに来てくださっていたんです。

池上 学習塾の先生が養護施設に勉強を教えに来てくれたんですね。

高橋 毎週木曜日にボランティアで「至誠ｅｎａ塾」を開いてくださった。そこで子どもたちは、実に積極的に参加したいと手を挙げる。勉強というと嫌で逃げていたような子どもたちが、自分から進んで参加するんです。しかも専門家が教えてくださるから、理解ができて成績が本当に上がったんですよ。そうすると勉強が楽しくなって、さらに成績が上がっていく。

池上 河端も、ちゃんと、やることとやってるんだ。

高橋 ボランティアで来られる方々の人件費も考えたら、相当な出資です。そのうえ、子どもたちのモチベーションを上げるコンテンツを提供してくださっているわけですから。その結果、学習にも自信がついて大学に行きたいという子どもたちも増えてきました。

池上　「タイガーマスクの寄付」は、当初、美談として盛んに報道されました。それを見て、「じゃあ私も」ということでみんなが伊達直人の名前でランドセルをあちこちの施設に送った。それはありがたいことではあるけれども、ランドセルはそんなに必要ないですよね。

高橋　そうですね。でもあれがきっかけになって、施設が何を求めているのかを把握したうえでの社会貢献として寄付行為が広がってきました。

†養護施設を社会に開く

高橋　『明日、ママがいない』に関しては、最初の段階から全国児童養護施設協議会がテレビ局側に放送中止を要請していたんです。結局は、全スポンサーがCM提供を自粛されたんですよね。実際には、スポンサー契約自体は継続されていたんですけど。

あのドラマではやはり虐待的な行為が描かれていたし、あれを施設のイメージとして児童の権利擁護を考えたとき、全国児童養護施設協議会は非常に憤慨していました。だから、何とか内容を変えてもらいたかった。

施設を経営している人たちの中にはもう少し静観したほうがいいのではないかと考える人もいました。番組の変更に躍起になればなるほど、施設側は何か隠しているのではないかと痛くもない腹を探られることにもなりかねないので。でも私たちは、結果的にどこまで変わったかは分かりませんが、組織としてテレビ局側の制作担当者と折衝を重ね、内容を変えていく努力はしました。

でも、あの問題をきっかけに、施設関係者のあいだでは一定の反省が促されました。ドラマの制作者のみならず、一般社会の方々までもが施設のことをあいうイメージで見ているのだとすれば、私たちの姿勢をもっと変えていかねばならない。今までは子どものプライバシーを守るために、養護施設のことはあまり表に出さずにいましたが、公的な資金を得ながら経営している以上、その透明性を確保し、コンプライアンスをもっと明確にしていくべきだという意見がだされるようになったのです。

社会福祉の中でも、慈善事業として古くからある児童養護の仕事は、児童福祉法が公布され戦後すぐに始まった（昭和22年）。だから高齢者福祉や障害者福祉に比べると、歴史がずっと古いわけです。もしかしたらその歴史に胡坐《あぐら》をかいて、驕っていた部分があったのかもしれません。

池上　税金が使われている以上、施設には説明責任もあるということですね。「国民の税金はこのようにきちんと正しく使われています」ということを説明しつつ、子どもたちのプライバシーも守っていかねばなりません。

高橋　そうですね。その説明が正確に皆さんに届けば、寄付も増えるかもしれない。「社会的養育はあなた方にお任せするけれども、財政的には私たちも応援する」というような形で、同志的な感覚で子どもの成長を見守ろうとする役割分担が意識できるかもしれません。

第2章 忘れられた子どもたち——養護の現場から

子育ては親の責任？

池上 国・地方公共団体のお金を使いながらやっていくのが社会的養護なわけですが、果たしてどこまで金を出すべきなのか。本来であれば、子育ては親の責任であるはずなのに、そこに国が金と口を出すのはおかしいのではないか。こういった意見も含めて、いろいろな議論があるんでしょうね。

高橋 本来は親権者には子どもの権利擁護とともに教育の責任があります。しかし最近は、親の責任という言葉をあまり聞かなくなりました。養育は親の責任ではなく、社会の責任だと考えられるようになってきています。グローバル化によって企業が海外に生産拠点を置くようになれば、日本国内で雇用されていた人たちはたちまち職にあぶれてしまう。学園の卒園生でも以前であれば、中卒の人でも工場に就職でき、宿舎付きで職親から仕事を見習いつつ技術を身につけられたが、いまはなかなか育ててもらいながら技術を身につけられるような仕事に就くのが難しい。

池上　養護施設の経営資金に関しては、基本的に国・地方公共団体が面倒をみるべきである――。こうした社会的合意がつくられつつあると考えていいわけですね。

高橋　ええ。措置制度によるわけですから。

池上　過去には、子育ての責任に関していろいろと議論があったんですか。

高橋　個人責任、つまり親の責任だという意見が強かった時代もありました。この背景には、児童福祉法の基盤になっている「公の責任」という思想が、あまり前面に出されていなかったことがあると思います。近年は徐々に、この児童福祉法の根幹にある思想が明確になってきました。そして1・57ショック（平成元年〔1989年〕の人口動態統計で、合計特殊出生率が過去最低の1・57となったことを指す）以降、出生率は減少の一途を辿っています。あの頃から、次の世代に期待するということが国民的な意識に浮かび上がってきました。

†指定管理者制度

池上　国民の税金を使うのであれば、国なり都道府県の施設がやればいいじゃないか。民間に任せる必要はないんじゃないか。そういう議論はないんですか。

高橋　本来はそうであるかと思います。ですから公立の保育所や児童館はたくさんあります。しかし、今、国や地方公共団体は指定管理者制度を用いて、どんどん民間に事業を下ろしています。指定管理者制度というのは、それまで地方公共団体やその外郭団体に限定していた公の施設の管理・運営を民間に代行させることができる制度です。指定管理の場合、だいたい経費は7掛けぐらいで経営できてしまう。やはり公も、自らの限界が分かってきたんでしょうね。お金をいくらかけたところで、どうしてもできない部分がありますから。

池上　指定管理者制度というのは、言ってみれば「官立民営」みたいなものですよね。最近では図書館・公民館はたいてい指定管理になっている。

高橋　施設を利用する側は、その違いをあまり感じないでしょうね。むしろ、サービスが良くなったと思っているかもしれない。

池上　図書館に関しては、むしろサービスが良くなったと言われてますよね（笑）。

高橋　やはり、顧客サービスという点では、民間のほうが市場原理から優れているからでしょうか。指定管理にしていくというのは、正しい判断だと思います。指定管理にしても、指定した側の公はきちんと責任を取るわけですから。

しかし児童養護施設は前にもお話ししたとおり慈善事業として戦前・戦後から民間施設として多く運営されてきました。

†社会的養護を必要とする子どもたち

池上　今、社会的養護を必要としている子どもの数は増えているんでしょうか。

高橋　ええ。ここ十数年で社会的養護を必要とする児童の数は増加し、2018年の厚労省の発表によれば、対象児童の数は4万6000人とされています。

けれども実際には、少なくとも7万人は存在すると言われています。海外の例と比較してみても、この数は妥当な数だと思います。つまり、養護施設に入れない予備軍がいるわけです。その予備軍を早くからケアしてあげれば、虐待などに起因する精神疾患をこじらせずにもっと軽症で済むはずです。

イギリスの場合、施設入所の年齢条件は18歳までだったのですが、それを22歳まで引き上げています。サポートする期間が短ければ犯罪に手を染める機会は多いですが、22歳まで公的にサポートすれば、社会的に自立することが比較的容易になり、犯罪に加担することも減るでしょう。そして、平成30年度より、社会的養護自立支援事業が創設され、自立援助ホームの入居者、里親に委託されている子ども、児童養護施設等に入所している子どもについても、原則22歳の年度末まで引き続き必要な支援を受けることができるようになりました。たしかに養護期間を延長すれば費用が追加的に生じ、社会的コストが増大するように思えますが、長期的かつマクロ的な視点から考えるならば、長い期間にわたって社会的に養育したほうが結果的には社会的コストが小さくなるという説もあります。

その他の国の例をみても、幼児期にお金をある程度かけていると、その後の税金のかかり方が少なくて済んでいる。これは一般の子どもたちに関しても言えることです。

池上　つまり、社会的養護にきちんとお金をかければ、社会的コストを減らすことができるというわけですね。

高橋　そうですね。いま生産人口が縮小しつつありますが、引きこもりなどが原因で働けない若者も少なくありません。これは施設出身者にも当てはまることです。報道によれば、政府は労働人口を増やすために移民政策を検討しているようですが、そのことを考えるよりも前に、日本にいる人材を掘りおこし、研修の機会や環境をととのえて働けない若者たちをうまく仕事に結びつける手立てを探すべきだと思います。

池上　フィンランドは、まさにそれをやったわけですから。フィンランドはソ連崩壊のあおりを受けて不景気になり、失業率が急激に上昇した。この事態を重くみた国家は、失業者の増加によって必要となる雇用保険・生活保護の金額を試算した。そしてそのお金をすべて教育に充て、良き納税者を育てれば税金が入ってきてプラスになるのではないかと考えた。それで、当時29歳だった中学校教師を教育大臣に抜擢し、大胆な改革を行なった。フィンランドは少人数教育や教師の専門性向上、教育機会の平等の徹底などといった教育改革を行ない、国としても一気に立ち直ったわけです。

高橋　これは仮説ですが、日本も幼児教育の段階から教育に予算を配分すれば、社会的養護が必要な子どもの数が減ると主張する人もいます。子どもというのは2～3歳期の問題をずっと引きずって成長していきますから。

†転機は90年代後半

池上　社会的養護を必要とする子どもたちは、いつ頃から増えてきたんでしょうか。

高橋　先ほどお話ししたように、養護施設の在所児数は定員でずっと収まっています。でも、少子化で児童人口は減少の一途を辿っているわけですから、比率で考えるとそういう子どもたちは増えていることになります。

この傾向が顕著になったのは、平成10年（1998年）頃からですね。

池上　ここ15～16年で増加しているとするならば、そのきっかけは何だったのでしょうか。

高橋　やはり、企業が海外へ進出し始めたからでしょうか。職を失った親御さんたちが増えはじめた頃から、家庭で養育できない子どもが目立つようになりました。

池上　つまり、産業の空洞化が原因ということですか。

高橋　ええ。空洞化の犠牲になったのが職を求める若い人や、若いお父さんたちでその影響を受けたのが子どもたちだと思うんです。

池上　それは具体的に、どういうメカニズムになりますか。空洞化が進んで、いわゆる工場などの単純労働者の職場が奪われた。そして貧困に苦しむ人たちが増えていった。その皺寄せが子どもにいったということでしょうか。

高橋　貧困の連鎖が子どもにまで押し寄せて、いまや約6人に1人の子どもが貧困とされる水準で生活をしているともいわれ、2013年には「子どもの貧困対策の推進に関する法律」という法律まで成立しました。この貧困の連鎖をどこかで断ち切らなければなりません。

†こころに傷を負った子どもたち

池上　先ほどからお話に出ていますが、施設に来る子どもたちはそれぞれに問題を抱えていますよね。これをいくつかの類型に分けるとしたら、どのようなものが挙げられますか。

高橋　児相の入所理由は、まずは親の問題ですね。保護者のいない児童、これは親の死亡、家出等によって親権を行う者、現に児童を監護する者がいない。たとえば、父の死亡、母の死亡、病気が原因で親が養育できない、父母の離婚、行方不明、拘禁、父の不就労、長期にわたって労働能力を失っている、などの事態が含まれます。それから虐待されている児童が、「児童虐待の防止等に関する法律」の制定により増加している。

池上　それは物理的に養育が不可能な場合ですね。

高橋　ええ。本来、こうした家族に対応するのが児童養護施設の仕事の基軸でした。

池上　そういう昔ながらの理由で施設に入るケースの比率はどのくらいですか。

高橋　昔はこのケースが50％以上を占めていましたが、今は30％ぐらいです。

約3万人の入所児童の内容として、虐待を理由に児童相談所から養護施設に入ってくる子どもは、50％をこえます。他は養育する意志のない親の子どもです。いわゆる養育放棄ですね。そういう例も15％ぐらいはあります。しかしいまは重篤化しています。

池上　大まかな分け方をすると、親が物理的に養育できないケースが3割、虐待など精神的な問題を抱えているケースが6割、残りの1割が養育放棄になりますね。

高橋　だいたいそうですね。ただ、今は、要因が複層的なので、重なる部分もあります。

　また、障害のある子どもたちも増えてきていて、2割をこえます。以前は、たとえば知的ハンディキャップのある子どもたちは、障害児の施設に入っていました。でも、平成18年（2006年）施行の障害者自立支援法によって身体障害・知的障害・精神障害のサービスが統合されたので、そういう施設にあらゆる障害を抱えた人たちが入るようになった。その結果、そういう施設が大人向けの施設になった。たとえ知的障害児の施設であっても、「児」の施設にいた人たちの年齢が上がって「者」になってしまえば、次の子どもが入れない。そういう子どもたちが結局、養護施設に入ってくるわけです。軽度の知的障害と診断されるIQが65ぐらいの子どもも入ってくるし、車椅子の子どもも入ってくる。

　このように、児童福祉法の理念に基づいてつくられた各施設（子どもの状況・事情に合ったメニュー）が消滅しつつある。養護施設というのは生活が成り立たない人たちのための施設で、言ってみればどんな子でも受け入れるから、障害児たちも来るわけです。だから今では、養護施設の仕事もすごく複雑になっています。

池上　どんどん仕事が多くなるとともに、内容も複雑になっている。

高橋　ええ。いまの職員は、親の問題も考慮しなければならないし、いろいろなハンディキャップにも向き合わねばならない。

†心理療法を必要とする子どももいる

高橋　私の施設では、この60年間におよそ８００人の子どもたちが巣立っていきました。そのうち半分は家族再統合、あとの半分は自立しています。自立した子どもが経済的に困窮すれば、私たちとしては何らかの方法で支えてあげなければならない。時には、生活保護を受ける手続きを手伝うこともあります。年齢を重ねていけば老人ホーム、精神的に患えば精神病院への入院手続きを、親に代わってやらなければならない。アフターケアです。

いちばん問題なのが、やはり保証人が必要になる時です。アパートを借りる際、あるいは企業に入社する際、保証人が必要となります。そういう子は後々まで手がかかる。だから、もちろん口には出しませんけれど、多くの養護施設は最初から手間のかかるケースを引き受けたがらない。個人的に私はずいぶん保証人になっていますけれど、措置が切れているので個人としてみているケースもたくさんあります。

そうした積み重ねより、現在は厚生労働省より身元保証人確保対策事業として、就職時の身元保証を最長5年、賃貸住宅等の貸借時の連帯保証人を最長4年までできるようになりました。

池上 社会的養護を必要としている子どもでも、受け入れる側に経験と知識がなければ、面倒をみることができない。障害のある子どもが入ってくれば、その道のプロの力が必要となりますよね。

高橋 お察しのとおり、養護施設にもファミリー・ソーシャルワーカー、個別対応職員がいます。虐待を受けた子どもたちに関しては個別に対応する必要がありますから、専門家が職員として働くようになったんです。ただ、彼らは1年ごとの契約です。たとえば虐待を受けた子が10人いる場合、セラピストを1人置くことができるという決まりがあります。

池上 1年単位の契約だと、雇用環境はかなり不安定ですね。

高橋 しかも、就労状況のレポートを提出しないと、そういう加算の職員を採用できない。たとえば大学の先生であれば、講師で1度だけ来てもらえば十分なこともありますが、子どもに対して治療的なことをしようとすれば、継続していらしていただく必要があります。その子が成長していくなかで、何らかの問題が解決しなければ、意味がないわけですから。

やはり養護施設は子どもの数をできるだけ少なくして、きちんと目が行き届くような体制をとるべきだと思います。自分のところで抱えている子どもたちのみならず、地域の予備軍にも門戸を開く施設になっていく必要がある。

✝親の代わりになりえるのか？

池上　これは根本的な問いかけなんですが、社会的養護、すなわち養護施設というのは親の代わりになりえるのか、それともならないのか。この点については、どうお考えですか。

高橋　ケースバイケースだと思います。施設長は児童福祉法により親権の代行・一部代行をするわけですから、「本当の親の代わりになる」ことを一義的に考えるならば、里親制度や養子縁組という制度が適しているかもしれません。

一方、養護施設は、子どもたちに治療的な支援をできるシステムを確立する必要が出てきた。こころに傷を負った子どもが抱える問題をできるだけ解決し、その後は在宅で養育できるようにする。たとえば18歳で施設を出るとしても、道義的には後々までケアがスムーズにできるように、「今」の面倒をきちんとみなければならない。

それと同時に子どもをできるだけ大学に進学させ、一種の社会的なハンディをなくすようにする。養護施設にいるということは、ある意味で引け目を持つことになります。だから、奨学金がやはりふんだんに必要ですね。

池上　そもそも養護施設は親の代わりになるのかという問いかけには、何とお答えになりますか。

高橋　施設は、問題改善のための治療的な役割を担っていくべきです。治療というと病院のようなイメージがつきまといますが、ともに生活をしていく中でその子の自立を促していく。要するに自立支援です。そのなかでは当然、こちらが親代わりになる局面も数多くある。だから施設というのは、すごく重要な役割を担っていると思います。

私たちの施設でも、次のような例がありました。両親がいないAくんは、児童相談所では里親適格児とされていた。適当な里親がみつかるまではいったん養護施設に入り、児童相談所からの連絡を待って、里親さんに行くことになっていた。でも、Aくんは里親さんの家にうまく馴染めない。里親さんとトラブルになり施設に出戻りし、また違う里親さんを紹介される。でも、うまくいかない。

そうやって、Aくんは小学校のうちに3回くらい里親を転々とした。ある時、私はAくんに「もういいじゃないか。「僕はこの学園にいたいんだ」ってはっきり言いなさい」と伝えたんです。それ以降Aくんは里親に行くことはなくなりました。

自分の居場所を早いうちに見つけるには、たとえ小学生であっても自分の意思を積極的に示さなければならないのです。

池上 つまり、施設の役割というのは、子どもながらに居場所を見つけられるようお手伝いをすることなんですね。

高橋 ええ。その居場所は施設なのか、里親なのか、それとも実親のところなのか——。施設は、子どもがその選択を落ち着いてできるように、安心・安全な環境を提供してあげなければならない。たとえ里親や実親のところでうまくいかなくても、自分には帰る場所がちゃんとあるんだと思えれば、勇気をもってチャレンジすることができますよね。

Aくんは今、海上保安庁の船長をやっています。前述したロボットのアームを研究している子は、自分は人間関係が不得意だから研究者になりたいとはっきり意思表示しました。私たちの役割は、子どもの夢を経済的・精神的にサポートすることなのです。

池上　養護施設が居場所になっている子どももいるし、里親が居場所になる子もいる。理想を言えば、生まれ育った家庭が居場所であってほしいけれど、そうでない子どもが居場所を見つけるためのお手伝いをする。

高橋　そうですね。居場所探しを手伝うと同時に、居場所になってあげなければいけない。「帰れる居場所があるから、自分は思い切ってチャレンジできる」と思えるような。

池上　失敗しても戻ってこられるなら、冒険できますね。

高橋　かつて安倍晋三氏が自民党の幹事長時代、私たちの施設にいる高校生に会いに来られたことがあります。安倍氏はその時、高校生たちに「施設は再チャレンジの場所だ。頑張りなさい」とおっしゃってくださった。その時の高校生は3人いるのですが、ひとりは大学を卒業し、ひとりは高齢者の施設に就職し、もうひとりは障害者の介護の仕事をしています。

他には、親が強制送還になったが、ひとりだけ自分の意思で日本に残りたいという主張が認められ私たちの施設へやってきた女の子がいます。彼女は日本で結婚して、お母さんになりました。弁護士さんたちがその子を応援して、「家に帰す必要はない。子どもには子どもの権利があるんだから」と説き、家族のもとへは返さなかった。いま、その子は日本で新しい人生を歩み始めています。

こうしたことを考えると、養護施設っていったい何なのだろうと、あらためて考えさせられます。施設があるから、社会が子どもに対して応援できるのかもしれないですね、施設に対する応援というよりも、そこにいる一人ひとりの子どもに対する応援です。社会の人が、自分の思いを寄せられる場所なのかもしれません。

†施設出身者は成人後どうしているの？

池上 子どもたちが養護施設を「卒業」することについてお話をうかがいます。そもそも、施設には何歳までいられるのですか。

高橋 児童福祉法上は18歳未満までと定められています。ただ、特別な事情がある場合には、措置延長という形で20歳未満までいられます。たいていは18歳に、高校卒業の年に出て行くことになります。

池上 18歳になった年度の3月31日まではなくて、満18歳までですか。

高橋 ええ、誕生日までです。ただし、18歳になっても高校卒業が3年生の終わりなら、それまで措置は延長されます。それに伴う問題があって、たとえば定時制高校に通う子どもは、18歳では一本立ちできない。それで措置延長という考え方が出てきたわけです。

池上　満18歳までは措置費というかたちでお金が出る。その後も、お金は出ないけれども、養護施設に残りたいというケースもあるんですか。

高橋　あります。その場合には制度に乗せて、措置を延長するかたちをとります。しかし20歳未満までです。ただ、可否は児童相談所の福祉司が判断するので、施設に引き続き残らねばならない理由が必要になります。たとえば、身体的に何か事情がある、外国籍で手続き的な問題が残っている、どうしても自立ができないとか。最近では大学に進学する子どもも増えてきたので、そういう子どもたちに対しては、できるだけ措置延長をして、生活を保障することになってきています。

池上　措置延長になったとしても、20歳の誕生日の前までなんですね。たとえば「自分はこの施設で暮らしてきて友達もいるから、このままずっとここにいたい」という理由だけでは駄目なんですか。

高橋　制度上はそれだけでは不十分です。けれど、その施設との関係上、道義的には残ってもいいこともあります。あとは場合によっては、職員の助手のようなかたちで残ることもある。その代わり、食費ぐらいは負担してもらいます。

池上　そうでない場合は施設を出て行くわけですよね。

高橋　ええ。アパートを借りたり、就職先の社員寮などへ。

池上　アパートを借りるにしても、保証人が必要になります。保証人はどうするんですか。

高橋　施設長が保証人になります。ただ、この場合は制度とは関係なく個人的に保証するわけですから、当然のことながら様々な問題が生じてくる。たとえばアパートの家賃を滞納する、仕事が上手くいかなくて行方不明になってしまう、などなど。そういった場合に、契約上、保証人は本人と同等の責任を取らねばなりません。私も多くの子どもたちの保証人になっていますが、そういう意味では金銭的にも大変です。

池上　結局、保証人のところに皺寄せが来るわけですから、さぞや大変でしょうね。施設を出て独り立ちをする時、保証人になる人を援助するような仕組みはないんですか。

高橋　制度的には、措置権者（都道府県知事）が保証人として親権代行のようなかたちを取ることはできるんですが、何しろ手続きにものすごく時間がかかるので、ほとんど利用していない状況です。

池上　建前としては、アパートの保証人が措置権者ということもあり得るわけですね。

高橋　ええ。ただ、その証明書を付けるための手続きに2カ月もかかるので、まったく使えません。そんなに時間がかかっては、不動産屋との契約書にサインも何もできない。だから、ほとんどのケースでは養護施設の責任者が保証人になっています。そのほか、就職や大学進学の際にも身元保証人が必要になります。

池上　施設出身者であることを知って、アパートの大家さんが貸すのを躊躇することはありますか。

高橋　そうですね。東京でも過去には不動産業者に協力を願う文書を出したこともあります。その子を今まで世話してきた施設長が保証人になるということで、大家さんに納得してもらいます。

池上　でも普通であれば、その子どもが今までどこにいたかを大家さんに説明する必要はないんですよね。施設にいたことが知られて「そういう子はちょっと困る」とか差別されることはありませんか。

高橋　最近はありません。ある程度、施設の存在が理解されるようになりましたから。かつてはそういうことがしばしばありました。ですから、大家さんの了承を得たうえで、私たち施設側の人間が賃貸契約を結んで、その子が住むようにしていました。大家さんにしてみれば、ストレートに家賃を払ってくれる人がいればいいわけですから。

池上　施設を出た子が家賃をすぐに支払えるとは思えませんが……。

高橋　ええ。法人がその費用を負担できる仕組みをつくっている施設もあります。つまり措置費ではなく、法人の独自の資金による、寄付金などでまかなわれるわけです。

†どのような困難が待ち受けているのか?

池上　18歳で施設を出て、すぐに働き口は見つかるんでしょうか。

高橋　就職自立をめざして高校在学中から就職活動をしていますから、働き口は見つかります。高校でも斡旋をしてくれます。今は必ずハローワークを通して就職活動をするという制度上の決まりがあります。公が本人たちの保証をするというのが前提ですから、プライベートで知人に頼むこともありますが、制度を通さないと、本人が自分の権利を主張できる範囲が曖昧になってしまいますから。

池上　なかには18歳で就職し、アパートを借りて独り立ちできる子どももいるわけですね。それは全体の何割ぐらいですか。

高橋　かつては、ほとんどの子どもがそうやって就職していました。今では大学進学の割合が11〜12％ぐらいになりましたが、でも約8割は就職します。

池上　それは高橋先生の施設での話ですか。それとも全国の一般論ですか。

高橋　後者ですね。全国の児童養護施設協議会の調査によるものです。私の施設では50％以上が専門学校や大学へ行きます。しかし学費や生活費をどうするか、スポンサーをさがすことは大変です。でも今年の3月に岩手県の養護施設を訪れ、そこで高校3年生の話を聞いたら全員が就職だと言っていました。ただ、本人が希望する仕事はなかなかない。結局のところ、高校やハローワークで紹介されるのは建築関係や飲食関係といった仕事が多いそうです。就職先に関しては、やはり地域差がありますね。住み込みや住居つきの仕事も少なくなりました。

池上 パートなどの非正規採用もあるんですか。

高橋 派遣会社に登録しておいて、仕事をもらっている人もいます。でも、それだけでは自分の生活ができるほどの収入になりませんから、3〜4つ掛け持ちしてやっている人が多いです。たとえば、昼間は斡旋された工場で働いて、夜は居酒屋の仕事をする。

池上 かなり過酷な労働状況ですね。

高橋 ええ。でも3カ所ぐらい掛け持ちでやれば、月収15万円ぐらいは稼げます。

池上 睡眠不足で事故を起こしたりすることもあり得ますよね。

高橋 ええ。しかも雇用状況が不安定ですから、時には住まいを失ってしまう。そうなるとネットカフェで寝泊りするか、もっとひどい場合には仕事がなくてアパートを追い出され、公園で野宿せざるをえない。早い段階でみずから出身施設に助けを求めれば、ホームレス状態に陥ることはない。施設というのは、そういう時にこそ頼りになる場所でなければならない。でも自分がみじめになってしまうとなかなか訪問できないから、友人のところに泊り込んだりして一時をしのぐ。

†18歳で自立することの難しさ

池上　就職も進学もしない無職の人はどれぐらいいるんですか。

高橋　施設の出身者のうち無職の比率を示すデータはありませんが、2013年に総務省が出した、100万人を超える若者が無職であるというデータを見る限り、施設出身者が何割かを占めているのではないかと思います。

池上　そういう人たちの生活費はどうするんでしょう。

高橋　私のところだと、生活に困ると施設を頼ってきますね。ほとんどのケースはお金が原因です。その子らへは食費を提供したり、現物を提供したり、宿泊する場所を一時的に提供しています。

池上　結局のところ、施設関係者が個人的・人間的な支援を行うことになる。

高橋　それがある意味では、養護施設の道義的な責任だと思うんです。

池上　コミュニケーション能力の欠如などが原因で、就職先での対人関係が上手くいかなくなる場合もありますか。

高橋　施設を出たばかりの段階では、まだ社会に慣れていません。施設にいる時には守られているので、個人的なわがままもある程度は通用しますが、就職となれば働いて収入を得なければならない。そこでは本人の特性が明確になります。

自動車会社に就職したある子は、自分は人間関係が不得意だから整備のほうをやりたいと思っていたんだけど、就職して1年間はセールスをやれと言われた。けれども彼には、なかなかそれが上手くできなかった。そのうち、会社には虚偽の報告をしてセールスに行ったことにしておいて、アパートに引きこもるようになってしまった。そうすれば当然、営業成績が上がりませんから、クビになった。このように、整備をやりたいという自分の希望が届かないうちに、会社との縁を切ってしまうこともある。

あるいは、次のようなケースもあります。ある大手デパートに就職できた子は、社員としての実直な仕事ぶりを会社から高く評価されていた。ところがその子が働いているところに親御さんがやってきてお金をせびったり、俺の娘だということで大声を出したりした。そういうことがあまりにも頻繁に起こるので、その子は会社にいづらくなって辞めざるを得なくなった。つまり、他でもない自分の家族に一社会人としての生活を妨害されたわけです。

池上　そういう場合、就職したことを親に報告しているわけですね。

高橋　そういうことになります。その子は自分が就職できたことを誇りにしているわけですから。

池上　たしかに、報告したくもなりますよね。

高橋　施設にいる時は施設がその子のことをガードしていたから、そういう問題のある親御さんとの関係が断ち切られていた。けれども一社会人になれば当然、そういう問題も起こり得る。

池上　社会人になると、家族と向き合わねばならなくなる。

高橋　大手企業から内定をもらっていた子が、内定を取り消されるケースもあります。最近では家族調査はほとんどされないはずですが、企業には信用問題もあるので、何らかの方法で調べるんでしょうね。

池上　昔は興信所を使って調べるということがありましたけど、今はほとんど聞かなくなりましたね。でも、もし親が犯罪に関わっていたりするとネットで検索すれば、親の名前が出てきたりしますから。

高橋　今はさすがに戸籍謄本までは調べないと思いますが、住民票は材料にされます。ある高校を優秀な成績で卒業したんだけど、家族の事情で内定取り消しになった子には、「それならば大学に行きなさい」と言いました。結局、学園の空き部屋を提供し生活を続けながら、その子は1年浪人して公立大学に入学しました。

それだけの能力があったから最後までやり通したし、我々も支援を惜しまなかった。その子は「◎◎大学の卒業生」という肩書を得て、大学で得た知識を持って企業に就職し、過去を断ち切ることができました。

施設を退所する18歳という時点は未成年です。就職するには保護者の承諾なり、身元保証が必要な年齢です。そこがネックになると考えられます。

池上　社会的にはまだ保護者が必要な年齢であるにもかかわらず、自分を守ってくれる施設から出なければならない。

高橋　そういうことになりますね。しかし児童福祉法が改正され何らかの問題があれば20歳未満まで措置が延長できるようになりました。でも私の施設では、多くは18歳の高校卒業後に大学や専門学校への進学をすすめて自立していきます。大学へ進学して措置延長している例もあります。

†大学進学の学費をどのように用意するか

池上　進学する子どもたちについて伺います。進学先は、専門学校、短期大学、4年制大学などいろいろありますよね。それぞれにどのぐらいの割合で進学するんですか。

高橋　厚生労働省の調査によれば、平成23年度に、全国の児童養護施設での高校卒業生は1543人で、その進路は大学進学11％（短大含む）、専門学校11％、就職70・4％、その他7・0％です。全国平均では、大学と専門学校を含めた高等教育機関への進学率が70％をこえていることを考えると、まだまだ低い状態です。

また中学を卒業して高校に入学した2500人のうち約900人が中退している。進学を阻害する要因として大きいのは、やはり学費と生活費という経済的な理由です。多くは自立するので衣食住の費用をみずから工面しなければならず、そのうえ学費となると自活は至難の業です。昨年から厚労省が、学費は大学の入学支度金というかたちで初年度に約70万円を支給してくれるようになった。でも、これではとても足りないので、いろいろな奨学金制度を使ったり、学生機構から借りたりしながら大学に入る。でも2年生、3年生、4年生に進級するとその制度からのサポートが少なくなってしまう。だから、2年生以降は自前でやっていくか、あるいは奨学金を得るしかない。それに加えて生活費がかかるでしょう。これはアルバイトしながら、やりくりしていくしか方法がない。平成23年12月には厚労省より積極的な措置延長制度の活用が通達されました。

池上　約70万円だと国立大学はぎりぎりか、ちょっときついぐらいですかね。私立だと半分ぐらいにしかならないでしょう。

高橋　ええ。ですから施設は、そういう子たちのための資金づくりに知恵を絞らなければなりません。つまり、可能なかぎりいろいろな奨学金制度に応募する一方で、スポンサーを探します。うちの施設ではこの3年間で14人が大学に進学しましたが、そのなかで大学に行って奨学金の後援者が付いている子が4人ほどいます。借金してでも大学に行くということは、覚悟して施設側も応援しなければできないことです。

池上　学費とその間の生活費の両方を支援するわけですよね。学費に関しては、日本育英会のものなど、奨学金制度がいろいろとあります。

高橋　でも、あれは返還しなきゃいけませんから。

池上　施設の子であればたいてい、何らかの奨学金をもらえるんでしょうか。

高橋　東京や大阪といった都市部では、そういう機会が割と多いですね。遺産をすべて信託して、奨学金制度をつくってくださっている方もいますし。でも全国的に見ると、なかなか難しいものがあります。大学によっては独自の育英会をつくり、それを施設の子に優先して適用させてくださる場合もあります。そういう理解は徐々に増えてきているように思います。ゴールドマン・サックスは社会福祉協議会と協働して奨学金制度をつくり、毎年3人の大学生を支援してくれています。単に資金の援助だけでなく出身施設やソーシャルワーカーの関与なども制度化しています。

池上　それで学費が何とかなったとしても、生活費は結局アルバイトでまかなわなければならない。

高橋　そうですね。ただ、ゴールドマン・サックスの奨学金では、アルバイト等で学業に集中できないなどの状況にならないように、生活費の一部についても補助が得られます。施設にいる時は措置制度によって公的に親権を代わってくれる施設長がいて、職員がサポートしてくれていますが、措置が解除されると支えがなくなる。ですからやはり、出身施設がある程度の時期までその子を見守っていかねばならないと思います。でも、すべての施設がそれをできているわけではない。制度上、18歳を過ぎたら自立することになっているため、施設を出て行く。また次の子どもたちが入ってくるわけですから。

池上　退所後も施設が引き続き、何らかのかたちでメンターの役割を果たしていく。家庭から学校に行っていた子どもであれば、18歳になって地方から東京に出てきても、親が地元にいて相談に乗ったり、お金を送ったりしてくれますもんね。施設の子にはそれがないわけですから。

高橋　それで私は今、地方から出てきた人たちが悩み事を相談できる、時には泊りがけでのんびり過ごせる場所を用意しました。この夏は、東北の被災地の施設や里親の子どもたちを対象に東京の生活を少し経験するプログラムを共同募金会で助成していただき、大学のオープンキャンパスに行くなどのプログラムをつくり、募集をかけたところなんです。

池上　それは地方の施設にいる子どもたちに対してですね。地方の施設と東京の施設が、そういったかたちで連携を取れるといいですね。

高橋　そうですね。昨年、岩手の施設に行った時に次のような話を聞いたんです。ある子は就職が決まって東京に行ったんだけど、やはり孤独に耐えられずに戻ってしまい、そのまま引きこもってしまった。東京は地方と環境がまったく違いますから、精神的な負担がかなり大きかったのだと思います。東京で誰かがその子の相談相手になり、時には親戚みたいに「今日は泊まっていきなさい」なんて言ってご飯でも一緒に食べたりしていたら、東京で挫折して田舎に戻ることもなかったかもしれない。

青森県の施設長さんと電話で話していたら、「切符を買って新幹線に乗る経験すらない子どもたちですからきっと喜ぶでしょう」と言っていました。そういう子が東京に出てきた場合、孤独になってしまうのは無理もないです。そうしたことから「東京の夏を楽しもう」が実現しました。

池上　地方の施設が親であるとすれば、東京に親戚のおじさん、おばさんがいるような感じになる。

高橋　子どもたちがいざという時に頼りにできる場所が絶対に必要だと思います。

†社会がいっしょになって子どもを育てる

池上　就職する時、施設出身者であることがマイナスに作用することはありますか。

高橋　最近は、面接で家族問題についてはあまり触れないことになっています。大学に進学していれば、面接時に「◎◎大学を卒業しました」と胸を張って言えるわけですから、質問も学生生活にかかわることが中心になるでしょう。

池上　エントリーシートに「施設にいた」と書かなければいいわけですよね。

高橋　ええ。保護者欄にも施設長の名前が記入されていると、本人の苗字と違うから「どういう関係なの？」と聞かれることもあるようです。

池上　やはり大学に入ると過去を払拭できるんですね。

高橋　ええ。ある養護施設の出身者は、次のようなことを言っていました。「私は就活で30社も面接を受けたけど、これはすごくいい社会経験になった。最終的には正社員として内定をもらうことができた。もし高卒で就職していたら、高校の先生があてがってくれた企業に就職せざるを得なかっただろう。高校の先生は施設出身であることを知っているから、住まい付きを条件に就職先を探してくれた」。

先日、その子がアパートの契約更新に必要な保証人の印鑑証明とサインをもらいに来た時、そういう話を私に話してくれたんです。もちろん、ちゃんと菓子折りを持ってきましたよ。そういう面では、すっかり一人前の社会人に成長したんだなと感慨深かったですね。

池上 そう考えるとやはり、大学進学率をもっと伸ばしたいですね。

高橋 大学の4年間というのは、自分の将来を考える時間でもあります。私は、今年大学受験をする女の子に次のようにアドバイスしたんです。面接で「なぜ大学に行きたいのか」と聞かれたら「飛行機も、滑走路が長いほうが安心して飛べますから」と答えなさいと。そうしたらその子は、面接で「うちの園長先生がこう言っていた」と言ったそうで（笑）。

池上 そんなことを言わなくてもいいのに。正直だな（笑）。

高橋 でも、そう言ったら面接官が「そうだね、でもあなたもそう思っているのですね」と納得してくれたそうで。このように施設がその子と将来を共有し、良好な関係を築けていれば、大学側もその子をともに育てようと思って、奨学金制度なども考慮してくださるかもしれません。

だから、養護施設というのは、社会の片隅でひっそりやっていたのでは駄目なんです。社会的養護の場は社会の皆さんに向けて、一緒にこの子たちを育てましょうと積極的に呼びかけていかねばならない。

池上　そうですね。社会的養護で育てられた子どもが大学を出て就職し、いずれは良き納税者となって社会から与えられたものをお返しする。このサイクルができてはじめて「社会的養護をして良かったね」ということになる。

高橋　そうですね。だから、もっと大学進学者が増えればいいなと思います。大学の数がこれだけ増えているわけですから、可能性は十分にある。今後は施設側が、子どもたちをいかに送り出すかをもっと真剣に考える必要があります。

池上　かつては「高校まで出たんだからもう十分じゃないか。施設の子が大学まで行くなんて贅沢だ」というような認識が少なからずあった。けれども大学まで行ってきちんと就職して良き納税者になれば、その子をこれまで育てるのに使ってきたお金を返してもらえる。これは極めて合理的な考え方だし、社会にとっても大いにプラスになりますよね。その理屈を社会に向けて、根気よく説得していかねばならない。

高橋　そうですね。先行投資と考えてもらえればいい。

†政治に何ができるのか

池上　政治家はこういうことに、どれぐらい関心を持っているんですか。

高橋　全国の養護施設からの要求に応えるかたちで、社会的養護のための議員連盟をつくってくださったりしています。政治家の方々が一人ひとりの子どもたちに対してどこまで関心を持っているのかは分かりません。しかし、そういう連盟をつくっている議員は何人かいらっしゃいます。

池上　それは与野党どちらにもいるんですか。

高橋　こういう福祉の問題、子どもの問題に関しては超党派になることが多いようです。与党が主になってくださらないと肝心の予算が付きません。

池上　いずれにせよ、より多くの子どもが大学まで行けるようにすることを声高に発言していかねばならない。

高橋　ええ。世間では今、学歴がすべてではないと言われていますが、施設にいる子どもにとっては、学歴は非常に大きな武器になります。過去の連鎖するいろいろな問題を断ち切るためには、武器の数は多いに越したことはない。

†どんな職業に就くのか

池上　大学を卒業したら、社会福祉の仕事を希望する子どもは多いのでしょうか。

高橋　ええ。でも、それはある意味で安易な選択かもしれない。保育士や養護施設の指導員になりたがる子はけっこういますが、その理由は自分がそういう人たちに優しく接してもらったからです。施設に入所する前は、親の非常に厳しい姿を見ていた。施設に来たら、指導員は優しく、心地よい関係を築くことができた。でも、人との関わりというのは、そんなに甘いものではないと思うんです。やはり一度社会に出て、いろいろな人たちがいる中で揉まれたほうがいい。

池上　施設の子どもたちが将来のことを考える場合、身近なロールモデルは限られる。なぜその仕事をしたいのかと聞くと、親や知り合いに同じ職種で働く人がいて、その人に憧れていることが多いですよね。かつて私が、開発途上国に行って小学生に「将来、何になりたい？」って聞いたら、返ってくる答えのほとんどは兵士か警官でした。なぜかというと、身近にそれ以外の大人がいないからです。ほかには学校の先生、たまにお医者さんが出てくるだけ。

高橋 「看護師になりたい」という施設の子に話を聞くと、小さい時に唯一の肉親である祖母をよく訪ねていった老人ホームの看護師さんがとても親切な人で印象に残っているとか、そういうことを言いますね。とにかく、自分の周りにいる大人を見て、「ああなりたい」と思うんでしょうね。今はさすがに「自衛官になりたい」という子はいませんが、かつては「公務員になる一番の近道は自衛隊だ」ということで志望する子がいました。

池上 安定した職業として公務員、しかも自衛隊を選ぶんですね。

高橋 今年高校に入った子で、卒業後は自衛隊に入ると言っている子がいます。「なぜ自衛官になりたいの?」って聞いたら「公務員だから」「いろいろな資格がとれるから」という答えが返ってきました。今でもそういう子がいます。自衛隊に入れば、資格がたくさん取れますから、魅力的です。最近は自衛隊も人気が高くてなかなか入れないですよね。

今の子は将来に向けて明確な目標を持つようになりました。だから大学に進学するのでしょう。やはり中卒だと、建設の現場仕事のような業種しか求人がありません。ああいう仕事は、ある程度経験のある人がやらないと駄目ですね。未成年者だと「何メートル以上の鉄棒を持ってはいけない」「何キログラム以上の資材を持ってはいけない」などと、労働内容を制限されるから、ほとんど仕事にならない。

†結婚式を開かせることが大切

池上　施設出身者が大学を卒業して就職し、やがて家庭を持つ。かつて破綻した家庭にいた子が、ちゃんとした家庭を築けるものなんでしょうか。

高橋　家族をもったら、目指すべき家庭のモデルを提示しなければなりません。私たちの養護施設にも、「結婚は婚姻届さえ出せばいい」と考えている人たちがいます。でもそういう子たちは、別れるのも早い。だから私は「みんなで会費を出してでも、結婚式はちゃんと挙げようよ。私たちも協力するから」と言っています。実際に、施設で結婚式を挙げる子もいるんです。施設にはお父さん、お母さん代わりになる人だけでなく、親戚のようにその子を温かく見守って来た職員たちもいる。そうやって、こちらも相手方に負けないだけの出席者を集めるわけです。

当人同士がいくら好きで一緒になろうとしても、なかには結婚相手が養護施設の出身者だという理由で、結婚となると、親御さんは納得していても、難色を示す親類の方もいるんです。

池上　向こうの親にしてみれば、そうかもしれませんね。

高橋　ある大企業に入った卒園生が社内恋愛を実らせた結果、結婚しようと話が進んだ時、相手の親御さんが飛んできて「うちの息子の結婚相手がそういう人だと、将来の出世の妨げになる」と言われたことがあります。でも、こればかりは本人たちの気持ち次第ですからね。結局は会社のほうが気を利かせて、結婚してからすぐに海外勤務にしてくださった。家族で移住し充実した生活をしているようで、時折、写真入りの手紙がきます。相手の方は今、向こうでそれなりの職務に就いてらっしゃいます。

池上　いい会社ですね。

高橋　こちら側を慮ってくださる人事担当者がいれば、そういうふうに上手くいく。相手に本人自身を評価してもらえば、過去を断ち切ることができる。

池上　婚姻届を出すだけだと別れるのも早いけど、結婚式を挙げると別れにくくなる。

高橋　大勢の前で誓うわけですから、その傾向はあります。ましてや無理やり一緒になったわけでもないし、この愛は永遠ということになりますよね。

池上　パーティ形式であれ何であれ、結婚式を挙げさせれば離婚に歯止めがかかる。

高橋　施設の子は家族の縁が薄く、いろいろと複雑な事情を抱えています。でも、結婚して相手の家族の一員にしてもらうことによって、過去のしがらみをある程度断ち切ることができる。ですから我々もその子の後ろ盾となって、相手の家族とも末永くお付き合いしていけるよう努力しています。

池上　なるほど。

高橋　ですから、施設のホールで結婚式をしたこともあるんです。初夏だと庭の芝生の緑が奇麗だから、階段に赤い毛氈のじゅうたんを敷いて、2階のデッキから2人が降りてきて参加者に祝福されガーデン・パーティをする。

池上　手作り感覚で素敵ですよね。

高橋　こうした形であれば、多額の費用も必要ありません。ときには美容師さんたちがボランティアで来てくれたり、ある結婚式場の社長さんが「うちの衣装を貸すから」って言ってくださったり。その子たちの新たな出発をみんなで手作りで祝うという雰囲気になるんです。

池上　「自分たちの結婚をこんなにも多くの人たちが祝福してくれた」と感じられれば、頑張らなければという気になりますよね。

高橋　その人たちが「私たちの赤ちゃんは施設に入れないからね」と言っていた（笑）。施設の職員は「何か大変なことがあれば、いつでも手伝うから」と言葉を返したんですけどね。

池上　そういうカップルが何組か出てくれれば、それが施設にいる子にとってのロールモデルになりますよね。

高橋　そうですね。施設の子どもたちも「そういう幸せを諦めなくてもいいんだ」とわかるんです。

†子ども時代の過ごし方が、大人になってからの人生を支える

池上　就職して、初任給で施設の人に何かプレゼントを買ってくることはありますか。

高橋　先日、高校卒業して電機工事会社に就職した子が母の日だと言って赤いカー

ネーションの花束とお菓子を持って来ました。私の家内のところに来て、自分なりに母の日の感謝の気持ちを捧げるセレモニーをしてくれました。それは自分に対するセレモニーだったのでしょう。

池上　母の日には来ても、父の日には来ないでしょうね（笑）。

高橋　それは、あまり期待してはいけないですね。でも卒園して、社会的にも落ち着く年齢になると子ども時代を思い起こして、言われたことがようやくわかるかもしれませんが。「母なる大地」「母校」という言葉があるくらいですから、子どもたちは〈母〉に対して満足するイメージを持ちたいんでしょうね。私の母は、養護施設の開設以来、副園長として園長をサポートしていましたが園長が癌で亡くなった後、理事会から私が28歳で学園の経営をまかされた後も「学園のお母さん」と呼ばれ、学園の子どもたちの処遇や職員の相談役でした。支える力の強さは母性なんですね。

だから、施設の子がお母さんに裏切られたとしても、決して見限るようなことはしない。いつかは分かりあえる、という期待は持ち続けていたいと思うのではないでしょうか。2歳から学園で生活をしてきた女の子が、この4月に高校に入学しました。そして、かねてから自分の母親のことを調べてほしいと児童相談所の担当の福祉司に頼んでいたことがやっと実現しました。でも福祉司の報告を聞いて「自分の思っていたお母さんではなかった。でも、それで良い」と自分に言い聞かせていました。「僕たちは決してあきらめないよ。いつかきっと会いに来てくれると思っている」と励ましましたが……。

池上　母親はかけがえのない存在ですから。

高橋　卒園生たちは生きる努力をしています。中卒で工務店に就職した後に、社長になっている人、公務員として仕えている人、巡視船の船長として日本の海の見張役になっている人、看護師として病院や老人ホーム、保育所で働いている人……いろいろいます。

もちろん、いいことばかりではありません。施設を卒園した子どもが少年院や刑務所に入り、面会に行くこともあります。私は保護司も拝命していますから、子どもたちが社会に迷惑をかけることのないように面倒をみなければと思っています。また、時には裁判に立ち会うこともあります。すごく根気の要ることですが、子どもたちをつねに見守っていることが、自立の助けになると信じています。

少年院に入るような子どもは、気が弱くて悪い仲間に利用されてしまう場合もあります。そういう事態を防ぐには、つねにコミュニケーションを続ける大人の強い力が必要です。

池上　警察沙汰の報せを聞くと、やはりがっかりされるでしょう。

高橋　ええ。でも、それと同時に、1日も早く更生させたいと思います。本人が悪事に手を染めざるを得ない状況に子どもが陥っていたことは理解もできますが、施設の後輩たちにとって良いロールモデルではありませんから。

ある時、刑事がうちの施設へ前歴調査に来たことがあります。ある事件を起こした容疑者が、かつてうちの施設に在籍していたからです。ただ、その子は印象が薄く、私の記憶にはあまり残っていなかった。書類を調べてみると確かにその子が在籍した記録はあるんですが、1年ちょっといただけですぐ家庭に引き取られていった。

でも、その子は「自分の人生の中で子どもらしい時間を過ごせたのは、養護施設にいた時だった」と言っていたそうです。刑事はそれを聞いて、どういう施設なのか見に来たんです。

池上　施設にはほんのわずかな期間しかいなかったし、施設側にしてもそれほど印象に残る子ではなかった。けれど、その子の人生にとっては宝物のような日々だったんですね。

高橋　その話を聞いた時、たくさんの思い出づくりだけでなく平凡な1日でも子どもたちの1日1日を大事にしてやる必要があると痛感しました。

†社会を本当の意味で社会化していく

池上　施設にしてみれば、たくさんいる子どもたちのうちの1人に過ぎないんだけど、その子にとっては全く意味合いが違うわけですから、やはり責任を感じますね。

高橋　ええ。今日も施設職員の集まりで、次のような話をしたんです。「我々は、子どもが発するサインを鋭敏に感じ取らなければならない。たとえば、その子の様子がちょっとおかしいことに気づいて、ひと言声をかける。そうすれば、その子が悪い仲間に引きずりこまれることを未然に防げるかもしれない」

私たちの仕事は、決まったことをやっていればいいという性質のものではない。子どもたち一人ひとりに対して、いろいろなメニューがあるのです。

池上　つまり、「社会的養護」でありながら、同時に「教育」も担っているわけですよね。

高橋　アメリカでは、学校教育・家庭教育は社会教育の一環と捉えられている。施設では親に代わって子どもに家庭教育をするわけですから、細心の注意を払わねばならない。

池上　社会的養護というのは社会的教育、社会的養育でもあるということですね。

高橋　ええ。つまり、本人だけでなく、その周辺も教育していく必要があるわけです。社会を本当の意味で社会化していく。

池上　社会を教育していかなければいけない。

高橋　そして、こういう子どもたちへの理解を育まねばならない。

池上　決して「同情」ではなく、「理解」であることが重要ですね。

高橋　人々を「理解」へ導いていくには、社会のあちこちに経験を有した実践者がいて、そうした人たちの協力を得られるようにしていく必要がある。たとえば、コンビニで万引きしてしまった子が謝りに行っても、そこの店員に「いや、いいですよ」と言われてしまったら何の教育にもならない。それよりもっとひどい場合は、

「どうせ経費の中に入ってますから」と言われることもある（笑）。聞くところによると、万引きされる分は経費の数%としてあらかじめ計上されているそうです。

池上　でも、それを口に出して言っては駄目ですよね。そこではきちんと怒ってくれないと、ひとつの教育が成り立たない。

高橋　でも今は、社会全体が子どものことを怒らなくなってきている。一見、物わかりがいいようだが、本当にその子のことを考えて、親代わりになって戒めてくれるような人・場所がなくなってきている。ジェスチャーでもいいから、心を添えて怒ってもらえればその子のためになる。

池上　まず、そのコンビニの店員さんを教育していかねばならない（笑）。これは大変ですね。

高橋　その店員さんだって、経営者の立場になればちゃんと叱ってくださると思うんです。

池上　経営者にしてみればけしからん話ですが、アルバイトであれば、ちょっとくらい万引きされても自分の懐は痛みませんからね。

†公助の不足を共助が補う

池上　ここまでお話をうかがって、施設での社会的養護の現状がいろいろと見えてきました。ではここで、社会的養護の根本にかかわる点をお尋ねしたいと思います。

ある家庭の失敗が理由で、子どもたちは養護施設にやって来る。その家庭の失敗をカバーするために、我々の血税をつぎ込んで子どもを育てる――。「果たしてその必要はあるのか？」という根本的な疑問には、どうお答えになりますか。子どもたちは国の宝なのだから社会が育てるべきだという議論がある一方で、そうではなく子どもは家庭・親が育てるものだという議論もありますよね。

後者の考え方、つまり「子どもは家庭が育てるものだ」という考え方には一理あるけれど、いまや機能しない家庭が増えているからこそ、社会（施設）が代わって子どもを養育しなければならないんですよね。

高橋　児童福祉法の第1条では「すべて児童は、ひとしくその生活を保障され、愛護されなければならない」と規定されています。養育の責任をもつ親がその責任を子どもに対してもてなくなったとき、子どもの親に代わって公が養育の責任をもとうとすることが措置制度です。児童福祉法の第25条で子どもたちが幸せになる権利を具体的に保障していて、それを民間施設・公立施設等に委託している。児童福祉法では親権の分担については理解が得やすいと思うんです。今は、公に本来は備わっていた互助的な部分が徐々に希薄になってきている。だからこそ、施設が公の役割を担う必要があるのだと思います。

池上　自助、共助、公助という言葉をよく聞きますが、それぞれのバランスはどうなっているのでしょうか。

高橋　「子どもは親が育てるものだ」という親権者としての責任で我が子を育てるという考え方が自助ですよね。でもこれは、それぞれの家庭による事情があり、周囲から支えてくれる地域社会、つまり共助があってはじめて成り立つものです。そして、自助・共助だけでは面倒をみられない場合には、政府による公助というものが必要になります。

しかし、今の時代は、共助的な部分が非常に希薄になっている。その希薄化した共助を補うために、公助として養護施設が関わることになります。

池上　高橋先生は養護施設を「公助」としてとらえていますが、そこに地域の人やボランティアが関われば、共助によって支えられている公助になりますよね。

高橋　そうですね。ですから公助に関してはもう少し明確な制度をつくり、議会で議論して予算をつけるべきでしょう。現状では、公助と共助の違いが明確ではない。ボランティアの方や企業の寄付などの賛助は、本来であれば公助がやるべきことを肩代わりしているわけです。制度が十分に整備されていないから、善意に頼らざるをえないという構造があります。

児童養護施設の子どもたちは、たとえ将来、大学へ進学したい夢をもっていても、それを実現させるための公的なサポートを得られるとは限らない。大学に進学するとしても、奨学金制度が整っていないので、経済的な理由で諦めざるをえない。篤志家の好意により学費を寄付してもらえることもありますが、そうした個人の善意がこの国の制度的な不備を補っている。つまり、子どもに対する教育的な配慮は、こうした共助によってなされている。

民間の方々は子どもたちのニーズに沿って、痒いところに手が届くような丁寧な支援をしてくださっている。第1章でもお話ししましたけれど、学究社の河端真一さんが、塾の先生たちを施設に派遣して学習指導をしてくださっている。施設の職員だけでは手が回らない子どもたちの学力面で、専門家の助けを借りることによって能力が開発されていく。学ぶことの意欲が上がって、大学にも進学できるような学力が身に付いていく。

公助というのは、その性質上、日本全国すべての施設に対して一律で平等な対応しかできません。要するに、個々の施設の事情に応じたきめ細かい対応ができません。ですから現状では、公助と共助が、それぞれ適材適所で働いているのかもしれません。

池上　きめ細かい支援に関しては、やはり共助のほうが適していますね。

高橋　昔は、地域のご婦人たちが繕いものによく来てくださったんです。たとえば布団の打ち直しなんかをやってくれたから、子どもたちとも顔見知りになるんです。だから街で会った時には「おばさん、こんにちは」って挨拶する機会があった。こういう関係ってすごく大事なんですよ。身近で見てくれている人がいることは、子どもにとって非常に大きな支えとなる。これもまた共助の部分ですね。

昔で言えば、縁側に座っているおばあさんがいて「まあ、お茶でも飲んでいきなさい」って言われるような感じですね。地域の方々とのそういう関係は、施設にとっても非常に重要だと思います。私の学園にも昭和27年から慶應義塾大学の奉仕団体ライチウス会の学生さんたちが子どもたちと生活に関わって下さっています。もう66年も続いています。共にして下される大学生は大切な存在です。

世界の中の日本の社会的養護

池上　ここで、世界に視野を広げて社会的養護の問題を考えてみたいと思います。たとえば北欧のように国家・社会がすべて面倒をみる地域もあれば、アメリカのようにあくまで自己責任で国家は面倒をみないけれども、そのぶん宗教団体・ボランティアが面倒をみる地域もある。このように世界にはさまざまな養護のかたちがありますが、日本の社会的養護というのは、どのように位置づけられるのでしょうか。

高橋　どこの国と比較するかによって、日本の位置づけは異なります。たとえばアジアには、まだ国情が安定しない国が多く、それらの国では、子どもたちを大きな集団として面倒をみています。たとえば、私が知っている範囲でも、フィリピンやマレーシア、タイといった国の施設はまだ大規模で、1つの部屋に何十床もベッドが並ぶような住環境で育てています。日本でも、戦後はそういう感じでしたね。

ところが現代の日本では、子どもの面倒を個別にみていますから、一人ひとりに対するメニューがいろいろと用意されている。日本ではようやく施設の小規模化が進みはじめ、グループホームが主流になりつつある。

アメリカでは、養護施設が30～40年前からすでにグループホーム化しています。大規模な施設を解体し、少人数制で治療型の施設に移行したのです。私がかつてアメリカで視察した施設も、もとは体育館・食堂だった場所でした。とにかくアメリカの敷地は広いので、敷地の中に小さなコテージが点在しているようなところもありました。敷地内には学校や教会もある。

イギリスは里親型が主流で、一般家庭に子どもが預けられる。でも里親は必ずしも、その子どもの人生に長くかかわるわけではなく、里親家庭での滞在期間は平均2年という説があります。

池上　そんな短期間なのですか。

高橋　かつてはイギリスでも小規模化が進んで、グループホーム化をすすめていましたが、サッチャー時代に多くが解体されて、全体のうち約15％はグループホームとして残ったんですけれど、あとはすべて里親制度に移行しました。

池上　サッチャー改革で社会保障制度を抜本的に見直しましたから。

高橋　オーストラリアでは施設をすべて廃止して、里親一本にしました。ただ、同じ里親といっても規模にばらつきがあり、5～10人の子どもを預かるのも里親で、ファミリー・グループホーム制度をつくったりしています。カナダでも、完全に施設を廃止しました。

ところが、今になって、施設がまた復活しつつあります。その理由は、社会的養護の必要な子どもたちに、「手のかかる子」が増えているからです。そういう子たちの場合は、やはり一家庭だけでは面倒をみきれないため、1カ所に集めて育てる小規模な施設が必要となっています。

池上　「手のかかる子」が増えてきたというのは、どういうことなんでしょうか。

高橋　精神疾患がある子ども、つまり心理療法による治療を必要とする子どもが増えてきたんです。

†日本はどこへ向かおうとしているのか

池上　そういう状況の中で、日本はどこに向かおうとしているのでしょうか。

高橋　平成24年（2012年）に厚労省が発表した「社会的養護の課題と将来像」では施設を定員45名ほどの小規模にし、それに里親型のグループホーム・施設型のグループホーム・里親に3分割する方針を打ち出しています。この新方針が打ち出された理由は、子どもたちを家庭養護として個別化することと、コストの削減でしょう。養護施設を小規模化してグループホームを中心に運営すれば、お金がかからないので財政的な負担が小さくてすみます。里親の場合は、ある程度ボランタリーな部分を期待できる。しかし問題は、それらの施設・里親制度の充実のためには、ネットワーク化し、サポートする専門機能がもっと必要です。

社会的には、管理のゆきとどいた施設で養育していれば、措置権者は今後は安心し、一件落着という風潮がある。もちろん、施設にはそれなりの苦労があります。公がサポートしないぶん、施設が子どもたちをサポートしているわけですから。

施設を小規模化していけば一般家庭のようで、社会の中にそういう家庭養護の場はつくりやすくなり、子どもたちが入りやすくなります。つまり、グループホームや里親さんの家庭が社会の中に入ってくるわけですね。そうすると、さっき言ったような支援や医療・教育への公的な支援が必要になってくる。教育に関しては、塾をはじめとする教育産業とタイアップすればいい。里親の養育費用をもっと増やせば、ある種の契約的な養育も可能になるかもしれません。

池上　なるほど。

高橋　でも国際的社会的養護の研究者の岩崎浩三先生によると、日本の社会的養護の世界的なランクは低いですよね。子どもに対するお金の面でのサポートがまだまだ少ない。

池上　日本はそもそも、公的な教育費自体が低いですからね。OECD加盟国の中で、日本と韓国がビリを争っている。

高橋　社会的養護のランキングでも、ビリの少し上ぐらいです。アフリカやアジアも含めたランキングでは当然違ってきますが、いわゆる先進国の中では下から2番目ぐらいです。

†セーフティネットとしての養護施設

池上　いったい、社会的養護のどの部分で、どのようにお金を使えばいいんですかね。国として使えるお金は限られている。高齢化が今後さらに進んでいけば、高齢者の福祉にも予算が当然必要となる。そうした趨勢のなかで、どこに重点的にお金を使えばいいのか。

高橋　それは難しい問題ですね。私たちの立場からいわせてもらうならば、養護施設をもっと充実させるために人を増やす、子どもたちの教育費を増やす、危機的な状況に置かれている子どもたちをもっと早い段階で発見できるようなシステムをつくる、そういうことにお金をつかってもらいたい。

先日、厚木市で男児白骨遺体事件がありました。あの事件では、児童相談所をはじめとする公共機関が、なぜ男児を早期に発見できなかったのかが問われています。たとえば、コミュニティ・ソーシャルワーカーを増員し、彼らが地域のネットワークの中に入って、児童虐待をなるべく早い段階で発見する。児童相談所の職員も含めた、さまざまな専門職を増やすために社会保障費を使ってもらいたい。

また、子どもたちが教育を受ける権利を一律に保障するためにもお金が必要です。ほかには子どもたちが生活する場所、施設や里親制度を充実させることも必要でしょう。養護施設の上限年齢は現在18歳ですが、それを22歳まで上げる必要があります。そうすれば、施設を出てから罪を犯す子が減るかもしれないし、生活困窮者も減るかもしれない。やはり、一人ひとりが自立していくための息の長い支援策が必要だと思います。

もうひとつ重要なのは、施設を出た子どもたちが働く場所を確保することです。いまはグローバル化で、大企業の生産拠点がみんな海外に移った。製造業の工場などで雇用してもらえれば、彼らだって良き納税者になれます。

池上　厚木市で男児が父親の養育放棄から死亡した事件に関しては、それぞれの役所が本来の仕事をきちんとやっていれば、もっと早い段階で見つけられたのではないかと言われています。

高橋　母子手帳が発行されていたので、出生届を公共機関に提出していたはずなんですよ。ところが、その後の追跡が十分になされていなかった。いったんは児童相談所に保護されていたけれども、結局、帰されてしまったようです。児童相談所の職員が少しでも「あの子、どうしているかな」と気にしていたら、もっと発見が早かったと思うんですよね。

池上　あの事件をきっかけに神奈川県が追跡調査をしたところ、居住実態が把握できない所在不明の児童が県内に144人もいることが判明しました。

高橋　全国では、所在不明の子どもが約5000人といわれています。

池上　その一方で、認知症を発症した老人が徘徊し、行方不明になっている人の数が1万人ともいわれています。これほど多くの行方不明者が日本のような先進国に存在することは、今までさほど問題にならなかった。このこと自体が驚きですよね。

高橋　ましてや子どもの場合、親がいるわけですからね。親がどうして子どもの所在に関心を持たなかったのかがふしぎでなりません。

池上　根本的な問題は、行政の縦割りにあると思います。少しでも横で連絡を取り合っていれば、早い段階で対処できたはずです。

高橋　そうですよね。学校の学籍簿にもその子のことが記録されていたんだから、家庭訪問すれば分かったはずです。警察だってその家のシャッターが閉まりっぱなしだったら、不審に思って捜査するのが責務でしょう。あるいは、近所の人が異変に気づいて警察に通報してもおかしくはないと思うんです。なぜアパートの隣人が、子どもの泣き声や異臭などの異変に気づけなかったのか。そのぐらいコミュニティが脆弱化したということなのでしょうか。

池上　悲しいですね。

高橋　あの子だってもっと早い段階で発見されていれば、その後の人生を楽しめたはずです。それを可能にする制度が整備されているのですから。今、養護施設の要保護児童は全国で約3万人といわれていますが、その倍の6万人にしても問題はないのです。施設の数が多いことは、必ずしもその国の貧困の度合いを示しているわけではありませんから。1週間、1カ月といった短い期間だけ利用できる施設に滞在して、家庭に復帰する子もいる。困窮家庭の子どもが一時避難するためのセーフティネットとして機能している。

情けは人のためならず

池上　そもそも社会的養護とは何でしょうか。

高橋　他人の子を我が子のように、親身になって育てるということじゃないですかね。

池上　ただ、それはすごく難しいことですよね。我が子を育てるのにも苦労をしている人たちがいっぱいいるわけですから。

高橋　児童福祉法の精神からすれば、実の親が育てられない場合、他人がその子どもを育てる。これは一種の社会的な役割だと思います。だから社会的養護という問題を通じて、我が子の子育てだけでなく、社会全体で子育てをするということについてもう一度よく考えてもらえればと考えています。

池上　その子を社会できちんと育てれば良き納税者・年金保険料納入者になる。

高橋　高齢化社会を支える担い手になるわけですね。このような生産的なサイクルに十分な理解を示す政治が必要となってくる。

池上　要するに社会的養護というのは「情けは人のためならず」ということですよね。よその子でもきちんと育てれば、いずれ回りまわって我々を支えてくれる子になり得る。

高橋　前にも話に出た私の施設出身者のなかに海上保安庁の船長がいます。「クルーをまとめていく上で学園での生活経験がとても役に立っている」と言います。彼はまさに国を守っている。そういうことを考えると「情けは人のためならず」という表現は当たっているのかもしれない（笑）。まずは大人同士が信頼関係を築き、その傘下にいる子どもたちをわが同胞のように考えていく。

池上　それこそ健全な社会でしょうね。

対談を終えて

池上彰

一部の人たちが、昼夜を問わず献身的に働くことで、辛うじて成り立っている児童養護施設。少数の篤志家が、私財を投げ打って維持してきた児童養護施設。よくもまあ、ここまで来たものだ。しかし、果たしてこれは持続可能な制度になっているのだろうか。

今回、東京立川などで児童養護施設を自ら運営し、この世界のことに通じている高橋利一氏に話を伺った私の率直な感想です。

たまに子どもをめぐる事件が起きると、児童養護施設のことがニュースに取り上げられますが、内情が詳しく報じられることは、ほとんどありません。

一体どんな施設なのか。全くの素人の立場で、話を聞くことにしました。私の質問は素人丸出し。そもそも最初の質問が、「児童養護施設とは簡単に言うとどのようなものですか」という素朴な疑問から始まっているのですから。

児童養護施設がどういうものかは、対談をお読みいただくとして、子どもをめぐる社会環境は、大きく変化してきました。

戦後しばらくは、貧困ゆえに我が子を育てることができない家庭が多くあり、児童養護施設は、そんな家庭に代わって子どもたちを受け入れる役割を果たしてきました。

それが、高度経済成長の過程で、家族の崩壊が始まり、育児放棄される子どもたちが生まれてきます。

養護の必要な子どもたちが増えても、一部の篤志家の努力だけでは支えきれません。こうして、養護は国が責任を持つべきだという考え方が広がります。「社会的養護」という思想です。

親が子どもの養育をできなければ、公が代わって育てなければならない。親に代わって公が育てることを決めるのが、児童相談所です。その際、児童養護施設に入るのか、あるいは里親の所に行くのかが決められます。

こうした受け入れ側の体制は次第に整備されていきますが、最近になって増えている理由が、親からの虐待だというのは、心が痛みます。

でも、子どもたちは、当初は虐待を受けていることを話さない。施設に入って落ち着いてきて初めて、虐待の事実を語る。個々の子どもと家族の事情を把握する困難さが偲ばれます。

そのように虐待を受けてきた子どもたちは、それでも親を責めようとはしない。「自分が悪いからお父さんが殴ったんだろう」と解釈し、自分を責めてしまう。子どもにとって、親は、どんな人間であろうと、やはり親なのだと痛感します。

†なぜ税金で養わなければならないのか

児童養護施設の新しい潮流はグループホームだそうです。大きな建物の中に大勢が暮らすという、従来の養護施設とは異なり、住宅街に一戸建てを確保し、数人の子どもたちが職員と寝食を共にするタイプです。異なる年齢の子どもたちが、まるで兄弟姉妹のように一緒に暮らすのです。サイズが小さいだけに、施設というよりは家族というイメージが強くなります。

実は高橋さんから何回にもわたって話を聞く傍ら、私は東京世田谷区にある児童養護施設「東京育成園」を見学させてもらいました。ここは、高橋さんが経営する施設とは違いますが、敷地内に一戸建て住宅をいくつも建て、それぞれグループホームとして暮らしています。男女が別々の部屋で寝ながら、食事時はダイニングで一緒になる。まさに大家族でした。寝泊りする職員の人たちと共に、新しい家族が誕生していました。こんな形もあるのだと、認識を新たにしました。

こうした児童養護施設は、いかなる働きをしているのか。実親が養育できない子どもは社会が育てる。これが「社会的養護」という思想です。社会的養護を進めるためには、施設への公費投入が欠かせません。しかし、国や地方自治体の財政が逼迫する中で、養護施設を見る社会の目は、決して温かいとは言えません。

「実の親が養育を放棄した子どもたちを、なんで我々の税金で養わなければならないのだ」

口には出さないまでも、こうした思いを持つ人がいるのは事実です。養護施設を新たに建設しようとすると、周辺の住民から反対運動が起きることもあります。児童養護施設は「迷惑施設」なのでしょうか。

いいえ、そうではないはずです。育児放棄された子どもたちを社会が支えることは、人道上必要なことですが、それだけではありません。そこには、「良き納税者を育てる」という目的があるはずです。

家族が育てることのできない子どもたち。放っておけば、学校に通うこともできず、成人しても自力で働くことができない可能性が高くなります。結局は、犯罪の道に落ちていったり、生活保護を受けたり、という落とし穴が待ち構えています。

そんな子どもたちに救いの手を差し伸べ、社会が育てる。きちんとした教育を受け、養護施設の職員たちの愛情を注がれることで、子どもたちは人間的にも成長することでしょう。社会人になって、就職できる可能性が高まります。働いて、所得があれば、所得税など各種の税金を納めることができます。

放っておけば、生活保護を受けることになり、それだけ税金がかかります。しかし、働いて税金を納めれば、国庫や自治体に税金が入ります。差し引き、どれだけの税金を節約できることになるのか。

こう考えると、社会的養護が実施されることは、社会全体にとっても利点が大きいのです。まさに「情けは人のためならず」なのです。

「教育の力」だけが負のサイクルを断ち切る

自助、共助、公助という言葉があります。本来は、自らが自立して生活するもの。子どもは親が育てるのが自助。でも、それだけで子どもが育つわけではありません。家族を取り巻く社会があってこそ、子どもの養育は成立します。これが共助です。かつての社会は、子どもたちを育てるだけの力がありました。しかし、地域社会の力が弱くなったいまは、公助の力が必要とされています。これが社会的養育です。

高橋さんは、子どもたちに「良き納税者になりなさい。それこそが、お世話になったことに対する社会への恩返しだよ」と言っているそうです。これは、子どもたちが学び、就職していくための努力を奮い立たせるインセンティブになるはずです。

良き社会人になってもらうため、いま一番必要なことは、「子どもたちの大学進学を少しでもサポートすること」と高橋さんは強調します。大学を出れば、施設出身者ではなく、「◎◎大学の卒業生」として就職活動ができるから、というわけです。大学に行けば、過去をリセットできるのです。

しかし、子どもたちを大学に行かせるのは、並大抵のことではありません。施設にお金はありませんし、国や自治体も、大学進学にかかるお金について、それほど多くのお金を援助してくれることはありません。結局は、養護施設を支えてくれている人々の善意に頼ることになるのです。

貧困に苦しむ子どもたちは、自力では大学に進めません。それでは就職も難しくなり、「良き納税者」への道は遠くなります。その子が、やがて親になったとき、貧しさゆえに、その子どもたちも大学に行けず、「良き納税者」になるのは至難です。こうした負のサイクルを断ち切ることができるのは、教育の力なのです。

高橋さんの話からわかるもの。それは、子どもたちを貧困から脱出させる点においても、児童養護施設の果たす役割は大きいということです。

子どもたちに明るい未来を用意すること。それが大人の責任であり、明るい未来は、大人たちの人生の足元も照らしてくれるのです。

あきらめない、みすてない

高橋利一

戦後、すでに70年もの歳月が流れました。時代の変遷とともに日本は豊かになりました。しかし子どもたちを取り巻く状況は、別の意味で悲惨さを増しています。産業構造の重点が第1次から第2次・第3次へと移る過程で、人口の都市集中化が進み、都市においては若年層の核家族化、農村地域においては高齢者の核家族化をもたらしました。さらに、離婚による「ひとり親家族」の増加、出生率の低下、女性の社会進出、地方の都市化など、子どもや家庭を取り巻く社会状況は大きく変化し、その結果として、子育て、老人介護の面に大きな影響を与えました。生活の価値観や生活リズムが変わり、養育態度、養育能力などに問題を持つ親が増え、ストレスの多い社会の中で生じる様々な親の問題がじかに子どもの生活や成長に反映し、しばしば子ども自身の問題性を生み出すことにもつながってきています。

子どもの問題は、家族・家庭、経済状況、また地域社会の状況とも密接に関連しています。家庭内暴力、不登校、児童虐待など、家族の養育力や親子関係の問題から児童養護施設に入所する子どもが増えている昨今、施設は単に家庭の代わりを務めるところではなくなり、処遇の難しい子どもたちに対する、治療的、専門的な機能がより強く求められるようになってきました。

また、一方で施設には、児童自身の問題に対する援助と同時に、その家族に対する養育支援が求められています。その背景には虐待・酷使・放任・怠惰など、親自身の人格的な問題から子どもの入所が生み出されるケースが確実に増えています。

いかに人が快適に生活し、毎日が生かされたものとするか。そこには当然のことながら、その過去における諸要件を適切に判断し、解決することが求められます。今日から未来へ向かい、誰が何をどのようにするかという方向付けが、適切になされなければなりません。

†社会福祉法人に求められているもの

社会福祉は人との出会いから始まり、そのニーズへの取組みが事業となるものです。その具現化には出会った相手によって思いもよらないインスピレーションが生まれ、そこから生まれる、止むに止まれぬ思いが、社会貢献として次の行動へと自分を大きく動かすことがあります。

私たちは、子どもたちの過去や未来に思いをめぐらすと社会的養護の重要性がますます高くなることを感じ、子どもの貧困や虐待の連鎖を断ち切るために「最善の利益」を提供しなければなりません。

これからも社会的養護を必要とする子どもたちに、「あきらめない、みすてない」ことを信条として、未来に夢のもてる社会づくりに、支援を下さる人々とともに開拓的な努力を続けていきたいとの思いを新たにしています。

第Ⅱ部 家族、虐待、自立

第4章 子どもの現実

池上和子

子どもの虐待を貧困との関連から問いなおすことは、多くの研究者が試みてきました。たとえば、児童相談所での活動に長年携ってきた山野良一は、2008年に著書のなかで児童虐待が貧困の家庭に起きやすいことを、日本の児童相談所でのデータだけでなく、アメリカの保健福祉省による児童虐待とネグレクトに関する調査報告をも参照し、「貧困と児童虐待は強い相関関係にある事象」と実証的に把握しています。また子どもの貧困問題を研究している松本伊智朗は「子ども虐待の背景として経済的問題、生活基盤の脆弱性」を示唆し、「子ども虐待の現実を把握することで私たちは貧困の実相の一端を知ることができる」と述べています。

そうした実相を児童養護施設の子どもは、入所前にどのように経験しているのでしょうか。また児童養護施設入所前の子どもは、家庭内にどのような問題を抱えていたのでしょうか。そして、それは貧困と虐待の関連のなかで把握できるのでしょうか。

結論を少し先走って述べるならば、そこには貧困だけでもなく、虐待だけでもない、いくつもの問題が重なり合い、互いに影響しあっている状態があります。そうした状態は子どもにとり、どのような経験をもたらし、どのような影響を及ぼすのでしょうか。最初にこれらの点について考えてみます。

1 子どもの貧困の現状

†児童相談所の一時保護——虐待相談家庭の厳しい状況

子どもが児童養護施設への入所に至るまでには、通常、児童相談所の一時保護を経ます。本章ではまず、児童相談所の一時保護家庭における、虐待と貧困の状況や関連をみてゆきます。

２００３年の子ども家庭総合研究事業『児童相談所が対応する虐待家族の特性分析——被虐待児および家族背景に関する考察』（高橋重宏研究代表者）の調査は、３都県17児童相談所で実施された一時保護５０１件（２００２年度）を対象にしています。そこでは生活保護世帯は19・４％、これに非課税世帯を合わせると全体の44・８％となり、４割以上の家庭が経済的に厳しい状況におかれていることがわかります。また父母の学歴に関する統計によれば、母親の最終学歴は中学卒業が51％、高校卒業が40％、父親では中学卒業が39％、高校卒業が39％と、父母いずれも不利な学歴状況にある割合が高いことが明らかです。

また東京都福祉保健局の『児童虐待の実態Ⅱ』（２００５年12月）によれば、２００３年度の東京都内の児童相談所における相談受理２４８１件のうち、生活保護世帯は15・３％であり、これは同年度の東京都の生活保護世帯の割合（１・54％）の約10倍となります。また心身の問題では、精神病またはその疑い（原文記載のまま。註：現在は〝精神病〟の表現は用いない）10・１％、人格障害11・７％、性格の偏り22・３％、神経症７・０％であり、総計した51・１％がなんらかの精神科的対応を必要とする問題を抱えていることを示していました。

東京や関東地方以外の地域では、兵庫県による２００４年度の調査があります。この調査によれば、兵庫県内の児童相談所が虐待と認定した８１７件のうち、生活保護が１１９件（14・6％）、経済的困窮が２００件（24・5％）、あわせて３１９件（39％）が経済的困窮世帯でした。また精神疾患および薬物ないしアルコール依存の問題を抱えていたのが合計２８５件（34・9％）でした。

†厳しさをます入所措置ケースの状況

児童相談所では一時保護の後、所内で会議が開かれ、子どもを児童養護施設等へ移すかどうかを検討します。その会議で入所が妥当と判断されると、一時保護のもとにある子どもは児童養護施設等への入所となります。児童相談所で虐待として相談を受けたり対応が必要と判断され所内の受理会議で「虐待対応ケース」と認められたケースは「虐待相談受理ケース」となります。この虐待相談受理ケースのなかで、養育がより困難であったり、状況が深刻と判断された場合に「入所ケース」となります。

表1　虐待家族の特性　3都道府県17児童相談所（2002年度）[*1]

	生活保護	経済的困窮[*2]	父親の学歴		母親の学歴	
			中学卒業	高校卒業	中学卒業	高校卒業
一時保護501件	19.4％	44.8％	39％	39％	51％	40％

＊1　子ども家庭総合研究事業『児童相談所が対応する虐待家族の特性分析——被虐待児および家族背景に関する考察』（高橋重宏研究代表者）をもとに作成

＊2　経済的困窮は、生活保護世帯に非課税世帯を合わせたもの

表2　児童相談所の虐待相談の特性[*1]

	実施年度	件数	経済的困窮		精神的問題	
			生活保護	経済的困窮	精神科的問題	精神疾患
						薬物・アルコール問題
東京都	2003年度	2481件	15.3％		51.1％	
兵庫県	2004年度	817件	14.6％	39％[*2]		34.9％
一般人口			1.54％[*3]			

＊1　東京都福祉保健局『児童虐待の実態Ⅱ』および兵庫県資料をもとに作成

＊2　生活保護に経済的困窮を合わせたデータ

＊3　2003年度の東京都の生活保護受給世帯の割合

虐待相談受理ケースと入所ケースでは、具体的にはどのような違いがあるのでしょう。東京都の北児童相談所の2003年度のデータではその違いがよくわかります（表3）。まず生活保護世帯は虐待相談受理件数においては18％ですが、そこから入所措置となったケースでは67％となります。また親が精神疾患の問題があるケースが、虐待相談受理ケースにおいては17％であるのに対して、入所措置ケースにおいては67％でした。これらのデータは、虐待相談受理ケースにおいても生活の困難や社会的不利の度合いが高いのは明らかですが、入所措置ケースにおいては、はるかに深刻であることを明確に示しています。

2003年に発表された子ども家庭総合研究事業の調査研究の結果をはじめ、これまでに取り上げたデータは、あくまでも児童相談所における相談受理または一時保護を対象とした調査の内訳です。どの調査も生活保護受給の有無を問うている点では共通します。しかし、それ以外の点では、父母の学歴や精神疾患の有無など調査項目は、それぞれの調査研究により相違があります。そうした調査項目の違いはありますが、それぞれの調査結果が浮き彫りにしたことは、児童相談所において虐待相談として受理したり一時保護となったケースの子どもの生活の背景には貧困だ

表3　虐待相談受理ケースと入所措置ケースの違い（2003年度東京都北児童相談所）

	虐待相談受理ケース	入所措置ケース
生活保護世帯	18%	67%
親の精神疾患	17%	67%

註）川松（2008）をもとに作成

けではない、複数の困難があるという点で一致していました。

　このように児童相談所で関わる家庭が複数の困難を抱えている状況は、困難が重層的に重なっている家庭が子ども虐待へと追い詰められているのではないかという捉え方があります（川松, 2008）。逆にいえば虐待の背景には、貧困という一つの要因で括ることのできない「重層化した養護困難」が横たわっていることでもあります。

2　多重逆境

†子どもの貧困から多重逆境への視点の変換

「重層化した養護困難」は、貧困や経済的困窮だけではなく、親の精神疾患、不利な学歴、ひとり親家庭など複数の困難が重なっている状況を意味します。子どもがこうした環境にあることを「多重逆境」と言います。

多重逆境とは、親自身の逆境であると同時に、子どもも負うものであり、問題が複数併存している状況であると、子どもの逆境とその影響を研究しているイギリスの社会学者リー（Lea, 2011）は定義しています。そして、こうした多重逆境の家庭では、貧困や虐待と同時に、教育や犯罪、健康に関わる問題もかかえていると指摘しています。具体的には、①貧困、借金、金銭的逼迫、②子どもの虐待／児童保護に関わる問題、③家族の暴力／家庭内暴力（ＤＶ）、④親の疾病／障害、⑤親の物質濫用（精神医学領域では薬物、アルコール依存をはじめシンナーやライターのガス等、何らかの物質依存をしている状態を物質濫用と記載しています）、⑥親の精神疾患、⑦親の離別／悲嘆／拘留・服役、⑧親の犯罪、反社会的行動の8つの問題をあげ、これらの問題への対応には、複合的かつ多重なニーズがあり、包括的な取り組みが必要であるとしています。

†児童養護施設における多重逆境の問題

イギリスでは、多重逆境の家庭にいる子どもが国全体でおよそ2％、約14万人いることが明らかになりました。すなわち貧困だけではなく、その背景となる様々な社会的不利の複合状況にある家庭の子どもがイギリスでは国全体の約2％います。それでは、現在の日本の児童養護施設にいる子どもの場合、施設に入所する前の家庭や親の状況はどのようなものなのでしょうか。

現在の日本の児童養護施設は、東京をはじめとする大都市の児童養護施設と人口減少している地域の児童養護施設を比べた場合には入所に至る理由など、子どもが置かれている状況の点で多少の違いがあるかもしれません。また、それぞれの児童養護施設により、運営や養護の捉え方に違いがあるかもしれません。しかし先に取り上げたように、児童相談所が受ける虐待相談や一時保護として携わるケースは、それぞれの地方自治体の地域性の違いを超えて、重層的な養護困難を抱えている家庭が多い点で共通しています。

では、それらの家庭が抱える重層的な困難とは、具体的には何をあらわすのでしょうか。そのことを検討するために、ここでは都市部のA児童養護施設（入所児童数58名）の児童の家庭や親の状況に目を凝らし、子どもがおかれている現状を詳しくみることによって、各家庭が抱えている重層的な困難の実態をつぶさにみていくことにします。この作業を前述のリーの①から⑧の項目と全く同一の見立てに沿って行なうことは、児童相談所における情報収集の違いがあり難しいので、近似した項目に焦点化することで、子どもにとり社会的不利となる事項を調べてみることにしました（表4等参照）。

†見えない貧困――生活保護受給につながらない家庭

経済的困難や貧困と結びついている「生活保護」をみると、58名中22人、37・9

%と4割近くが生活保護受給家庭でした。この37・9%という割合は、先の東京都北児童相談所の入所措置ケースにおける67%（川松，2008）と比べるとかなり低い割合なため、この児童養護施設では経済的に逼迫している家庭の子どもは少ないと思われるかもしれません。しかしここには、数字には表れない現実が隠されています。

ひとつには生活保護を受給していない親や家庭のなかには、実際には長期間継続して安定した職に就いている親が少なく、多くは不定期な仕事に就いているため収入が極めて不安定です。そして、そもそも就労しているのかどうかも不明な場合が多いことです。こうした就労状況は、生活保護を受給する必要がないことを表しているわけでは決してありません。むしろ、自分がおかれている状況は生活保護という制度を必要としている状態にあることに気づいていない場合や、あるいは実務的に生活保護の申請ができないままに過ごしている場合があります。また一方では、生活保護手続の必要性を知ってはいるけれども、そうした手続に伴う社会的接触を拒んだ生活をしている場合も少なくなく、生活保護を受給していない約6割のなかにはこうした事情がある家庭が含まれます。

†家庭の破綻と親との別れ

このように具体的な生活の状況が不明であることも問題ですが、家庭の崩壊も同様に深刻です。表4にあるように、A児童養護施設では入所児童の75%、58人中33人は両親の離婚を経験しています。すなわち4分の3は両親が離婚をし、それまで育ってきた家庭の破綻やどちらかの親との別れ（分離）を経験しています。そして両親の離婚後、多くは母親が親権を持つことになるものの、女性は安定した仕事に就くことが難しく、生活の場を転々とすることを余儀なくされ、住民票が一所に定まらないため、たとえ経済的には困窮していたとしても、生活保護など行政からの福祉支援を申請できなかった親子も少なくありません。

こうした境遇を強いられている家族は、親子ともに（多くは母子ともに）社会的な孤立を深めてゆくことになります。社会的孤立が徐々に深まり、経済的にも不安定な生活が続いてゆくと、子どもは地域の保育所や幼稚園に通うこともままならないことが多く、就学前に年齢に応じた社会性を育てたり、発達を促進する就学前教育や保育を受けたりする機会が奪われ、子ども同士の交流や関係を深める機会も希薄になります。親が社会的に孤立すると、子どもも社会的孤立を深めるばかりでなく、その後の小学校入学後の学習に必要な意欲やレディネスと言われる小学校教育を受けるのに必要な言語能力やコミュニケーション能力、社会性を育てる大切な経験の機会が奪われることになります。そのことは、後述するような学習の困難という形で深く影響を及ぼすことにもなります。

†親を失う経験

ただし、ここまで述べたことは、子どもの両親のいずれも現況が判明している場合に局限されます。そもそも自分の親（多くは父親です）が、どのような人なのかがわからない状態の子どもも少なくありません。

表4の＊1にありますように、父親の氏名が不明のケースが58人のうち14人（24・1％）います。父親がなんという名前でどのような人なのか、入所前から全く分からない状態であれば、現在どこでどのように暮らしているのか、または亡くなっているのか、その手がかりを摑むことはどれほど困難なことでしょう。

また、表にはありませんが、父親ないし母親の居所不明のケースが58人中11人、

19％でした。2割以上の子どもが自分の親を探したいと思っていても、それをだれかに助けてもらうにしても、その手がかりがほとんど無い状態にあります。

また、きわめて幼い時期に親と死別している子どもも多いです。父親か母親が病死のケースが58人中6人、そして父親か母親が自殺のケースが6人で、これらを合わせると父親か母親が病気または自殺で亡くなっているケースが58人中12人、20・7％となります。このように児童養護施設の少なからぬ子どもが、親の喪失や別れを経験しています。ここに児童養護施設の子どもが直面している問題を貧困のみならず、多重逆境という視点から理解しなければならない理由があります。

†精神的に追い詰められる母親たち

表4「A児童養護施設入所児童の逆境的状況」で明らかなように、入所児童の75％は両親の離婚を経験しています。ただしこれはあくまでも把握できた数値です。統計にはあらわれていませんが、実際には非婚状態での別離や出産前に父親が行方不明になってしまったケースもあります。それらを含めると、児童養護施設の入所児童が父母との別れを経験しひとり親世帯となった割合は、少なくとも8割を超え

表4　A児童養護施設入所児童の逆境的状況

生活保護	親の離婚	母親の精神疾患	死別（父か母）	拘留	DV	母親の学歴 *2		
						中学卒業	高校中退	高校卒業
37.9%	75%	48.3%	20.6%	24.1%	29.3%	38.5%	20.5%	35.9%

＊1　父親の氏名不明14名を除いた44名における割合。父親の氏名不明24.1%

＊2　母親の学歴不明19名を除いた39名における割合。母親の学歴不明32.8%

註）執筆者作成

ると推計されます。

厚生労働省の調査では、日本の母子世帯の相対的貧困率は、50・8%でした（厚生労働省「ひとり親家庭の支援について」平成26年3月発表資料より）。こうしたひとり親家庭・母子世帯の貧困については、「マザーズ・ハローワークなどの就労支援対策がなされつつあり、制度的な対応が整いつつあるから、悲観する必要はない」という意見もあるかもしれません。しかし、児童養護施設の入所児童の母親たちがおかれていた状況は、そうした制度的セーフティネットにたどりつけないくらい追い詰められた状況であることが、この後より具体的に親の逆境的状況を詳しく検討した結果、浮き彫りになりました。

✝学歴の背後にある問題

児童養護施設入所児童の母親が追い詰められた状況におかれているのは、必ずしもA児童養護施設が特殊な例というわけではありません。中部地方の児童養護施設6カ所を調査し児童養護問題を階層性の視点から分析した堀場（2013）は、入所児童の親の生活問題を父母別に調査しています。その一部をまとめたのが、表5「入所児童の母親の状況」（169ページ）です。

ここで注目すべき問題はいくつもあります。まず着目されるのが母親の教育年数、学歴における全国平均との大きな違いです。1990年以降、高校進学率は全国平均で95％を超えているなかで、中部地方6児童養護施設では22％と全国平均の4分の1にとどかず、首都圏のA児童養護施設で約36％と全国平均の2分の1にとどいていません。さらに中学卒業が全国平均は4・9％であるのに対して、中部地方6施設が45・7％、A児童養護施設が38・5％と、いずれも全国平均の9倍前後の高さです。こうしたデータが出ると、ともすれば貧困と学歴は関係していると結びつけられがちですが、その背景は決して直線的ではありません。

それでは、このような母親の教育年数の短さ、学歴の低位性の背後には、どのような問題が考えられるのでしょうか。母子世帯の貧困の問題を母親の学歴から分析した藤原千沙は、母子世帯の母親の学歴が低いほど低収入に陥りやすい就業実態があることを指摘し、さらに「学歴が低いほど子の祖父母である「親」や親族から私的な援助を受ける割合が低く、子の父である「前夫」から養育費を受ける割合も低いなど、親族扶養の面でも学歴差があることが示唆されていた」と述べています（藤原, 2012）。入所児童の母親の教育年数の短さは、まさしく親族からの扶養の乏しさのみならず、頼れる家族や親族がきわめて少なかったことを意味しています。この後の第5章でも取り上げるように、入所児童の母子世帯は、生活の場が頻回に移動（転居）し、生活保護の受給率の高さとも相まっていることからも、実家族や親族と疎遠であることがうかがわれます。このことは、子どもの貧困の世代間連鎖の遮断のためにも、子どもが高等教育卒業以上の教育を受けることと実家族や親族以外の支援体制がいかに重要かという示唆を投げかけてもいます。

入所児童の母親の教育年数の短さや学歴の低位性には、母親自身が育つ環境が十代の頃から実親に依存できる状況ではなかったことや、実親に代わる親族もまた頼れない成育状況だったこと、さらに実親や親族との疎遠や断絶が背景にある問題として考えられます。

†母親の精神疾患の深刻さ

入所児童の母親の教育の不利、学歴の不利などと同時に、表5において見逃すことができないもうひとつの問題は、精神疾患を抱えている母親の割合の高さです。母親が精神疾患を抱えている割合は、A児童養護施設で48・3%、堀場の調査による中部地方6施設で39・9%と、約4割から5割が精神疾患の問題を抱えています。また、さきほど取り上げた東京都内の児童相談所の入所措置ケースにおける親の精神疾患の割合は67%で、7割に近いものでした。この東京都内の児童相談所のデータは親の精神疾患のため、父親のデータも含まれている可能性が考えられます。しかしそのことを考慮したとしても、約7割の親が精神疾患の問題を抱えているという事実は、たいへん深刻な問題と言わざるをえません。

入所児童の母親が精神疾患を抱えている割合について、発表されている把握可能なデータをまとめたのが表6「母親または親の精神疾患の状況」です。この表にあ

表5　入所児童の母親の状況

	生活保護	精神疾患	施設生活経験[*2]	中学卒業	高校中退	高校卒業
A児童養護施設	37.9%	48.3%	10.3%	38.5%	20.5%	35.9%
中部地方6施設[*1]	15%	39.9%	6.4%[*3]	45.7%		22%
一般人口		0.6%[*4]		4.9%[*5]	2.6%[*6]	95.1%[*5]

＊1　堀場（2013）より引用

＊2　施設生活経験には、乳児院、児童養護施設、児童自立支援施設、母子生活支援施設、その他（少年院など）を含む

＊3　この項目のみ5施設のデータ

＊4　厚生労働省（2005）『患者調査』、「統合失調症型障害及び妄想性障害」の総患者数（757,000名）と総人口127,767,994名（総務省（2005）『平成17年度国勢調査』）から堀場算出

＊5　文部省（1990）『平成2年度学校基本調査報告書』より

＊6　文部科学省『平成10年度　児童生徒の問題行動等生徒指導上の諸問題に関する調査』結果より（註：中途退学率は平成6年以降、2%から2.6%の間を推移している）

表6　母親または親の精神疾患の状況

	東京都内児童相談所	6都道府県16施設	中部地方6施設	A児童養護施設
母親の精神疾患		31.7%	39.9%	48.3%
親の精神疾患（入所措置ケース）	67%			

註）執筆者および川松（2008）をもとに作成

る4つの調査は、調査時期と調査地域に違いがあるものの、およそ4割以上の母親が精神疾患の問題を抱えていることがわかります。さらに今後の着目が必要と思われることは、大都市部へと限局されていくほど母親の精神疾患の割合が高い傾向にあることが示唆されることです。友田資料（2014）の6都道府県16施設では31・7％ですが、堀場調査（2013）の中部地方6施設になると39・9％となります。さらに首都圏のA児童養護施設では48・3％となり、そして東京都内の区部の児童相談所入所措置ケースでは約7割の67％になっています。

なぜ大都市部になるほど精神疾患の問題を抱えた母親の割合が高いのでしょうか？　この問いに答えるには、もちろん全国的な実証的調査が必要であることは言うまでもありません。ただし現状で考えられることは、これまでも触れてきたように、もともと実家族や親族に経済的にも心理的にも頼ることが難しい母親が結婚したところ、夫のDVや夫がつくった多額の借金などの原因のため離婚した場合には、第5章で後述するO君の事例のように、元配偶者に見つからないように、それまで生活していた地域から極力離れて暮らすことになります。また、母子ともに一緒に支援してくれる福祉施設をもとめて、より都市部へと移り住むことを余儀なくされ

表７　入所児童の母親の逆境的状況

	母親の喪失・不在		母親の反社会的行動	
	死別	精神疾患	薬物・アルコール問題	拘留
Ａ児童養護施設	10.3%	48.3%	17.2%	8.6%
６都道府県16施設 *1	6.3%	31.7%	5.9%	4.9%

＊1　2014年7月12日　東京大学公開講座「児童虐待被害者支援等の新展開」公開資料（友田明美）をもとに作成

る母子が、少なからずあるのではないかと推察されます。

こうした可能性を考えた場合、母親が抱える精神疾患の背景には、生活の困難から生きることの困難へと追い詰められ、さらに精神的困難へと深刻化している実態が隠されていることが考えられます。このように生活の行き詰まりから精神的行き詰まりへと追い詰められた母親の逆境的状況は、表７「入所児童の母親の逆境的状況」が示すように、経済的・心理的な困難だけではなく、社会的にも困難な状況に追い詰められた深刻な状況であることを示しています。

†データに表われない父親

ここまでの親の状況をみますと、母親には高校に進学する人が少なく、離婚をし、かつ精神疾患等の治療を必要としている人が半数近くいることがわかります。こうした統計的なデータだけが〝ひとり歩き〟してしまうと、あたかも子どもが児童養護施設へ入所に至る原因は母親にあるかのような印象をあたえかねません。たしかに子どもにとり、母親のもつ要因の影響の強さは否定できません。

しかし、ここで見落としてはならないことは、父親についての情報があまりにも少なく、「不明」が多いことです。そもそもデータとして把握することができずに「不明」という括りで可視化されず、実態も把握できない暗在化した状況のほうが、データに表われた数値で理解できることよりも、はるかに深刻な問題を含んでいます。ここに、把握可能なデータのみで児童養護施設の子どもや家庭の問題を理解しようとするときの陥穽があります。視点を変えてみると、父親に関する情報に「不明」が多いこと、その理由や背景を解明してゆくことが、子どもの多重逆境の問題の本質に迫るひとつの鍵でもあります。

†データに表われない父親の問題の深刻さ

では、なぜ父親に関する情報には、成育歴をはじめ「不明」が多いのでしょうか。

表8　父親の情報の不明の割合

	学歴	健康状態	居住場所
父親	55.3%	53.1%	39.1%
母親	28.3%	23.7%	16.8%

註）堀場（2013）をもとに作成

中部地方の児童養護施設6カ所を調査し、児童養護問題を階層性の視点から分析した堀場（2013）の調査結果においても、父親についての情報は母親に比べると、不明の割合が高いです（表8参照）。「学歴」「健康状態」「居住場所」いずれの項目も、父親の情報の不明の割合は母親の2倍前後です。このように父親の情報に「不明」が多い理由として、堀場はつぎの二つの点を指摘しています。ひとつは、離婚後に母親が親権を持ち施設入所に至るまで子どもを養育してきたケースが多いために、児童相談所も父親の成育歴を充分に把握できていないことです。もうひとつは、虐待などの緊急保護ケースで、家族の情報がほとんどないまま施設入所となったことです。

この二つの理由にくわえて、今回、A児童養護施設の調査結果からあらたに見えてきたことがあります。まずひとつは、離婚原因の理由としてDVや借金が多く、そのため離婚後子どもの父親とは音信を遮断する生活を余儀なくされ、児童相談所に一時保護されたときには所在を含めて父親に関する情報がほとんど失われていることが挙げられます。表4にあるように児童養護施設では、親のDVや暴力が把握されたケースが29・3％あり、約3割の子どもがDVを目撃したり、親のDVを被曝していました（註：子どもが親のDV場面を目撃したり、その場に居合わせる体験をDV被曝といいます）。

また二つめには、子どもが出生後、比較的短期間（数カ月から2～3年後）で両親が離婚しているケースが多いことです。そのため父親や父親の実家および親族との交流もあまりないうちに別れることになったケースも考えられ、父親についての情報が希薄あるいは不明なままとなってしまうことです。児童養護施設では、出生後ないし数カ月後に乳児院での生活をおくった子どもが27・6％、DVからの避難や離婚等の理由により母子生活支援施設で生活していた子どもが8・6％で、合わせて約4割（39・7％）の子どもが児童養護施設に入所する前に、既に社会的養護の生活をおくっていました。

児童養護施設に入所する前の段階で、父親に関する情報がない場合には、入所後に把握することは、よりいっそう困難となってしまいます。

今後、父親について成育歴や居所を含めた情報を把握し明確にしていくことは、子どもの多重逆境の遮断と解決のために、ぜひとも必要な取り組みであると言えるでしょう。

3 国際的動向

†イギリスにおける子どもの貧困への視点

児童虐待や子どもの貧困について世界的に先駆けて取り組んできた歴史をもつイギリスは、日本でもその制度や取り組みを参考にすることが多いです。そして近年は新たな視点から子どもの貧困へのアプローチを国家的な取り組みとして試みています。２００７年、当時のブレア政権は子どもの貧困に取り組み、２０２０年を目標に子どもの貧困の撲滅を重要な政策のひとつとして打ち出しました。イギリスでは、21世紀の主要な改革を児童養護（child care）の革命（revolution）とし、その意義は19世紀の浄水改革による国民の健康の劇的改善、20世紀の公教育の無料化と国民健康保険の制度化による国民生活の向上と並ぶ歴史的に意義あるものであると位置づけています（Social Exclusion Taskforce. 2008）。

その背景として、イギリスにおける国家的規模の長期追跡研究の結果の衝撃の強さがあります。イギリス全国で調査した7つの社会的不利のうち5つ以上の問題を抱えていた逆境家庭で育った13〜14歳の子どもの学校中退率は、逆境がない家庭の子どもの36倍でした。また養護（日本の社会的養護に相当する）のもとでの生活や、警察が関わる状況になるリスクが6倍であることなどが明らかになりました。幼少期における家庭の困難や逆境は、その後の成長や大人になってからの生活に多大な負の影響をもたらすため、子どもの貧困の解決に取り組み、その連鎖を遮断してゆくことが、国民一人ひとりの人生のみならず社会にとっても必要であることが強く認識されました。

†イギリスの調査から明らかになった子どもの多重逆境

イギリスの社会的排除特別対策本部（Social Exclusion Taskforce）がイギリス国内の子どもがいる家庭の社会的不利の状況を全国的に調査しました。調査では、①いずれの親も働いていない（仕事がない）、②劣悪な住宅事情での生活、③親の低位学歴、④母親の精神疾患、⑤どちらかの親の長期疾病ないし障がい、⑥低所得の世帯（平均世帯年収の約60％以下）、⑦必要な食料品や衣料品が購入できない、の７つの項目を中心になされました。

これら７つの社会的不利のうち５つ以上の社会的不利を同時に経験している家庭が、英国国内の１・９％（約14万）でした。この割合は、最初に調査結果が発表された２００１年の２・２％以降、２００４年の１・９％と、少しずつではありますが、減少しています。またこの報告書では、こうした多重逆境家庭では、最も深刻な不利へと結びつく要因として、①親の長期間にわたる不就労（失業）、②住居の劣悪さ、③母親の精神疾患の３つの要因を確定しています。そしてこのような深刻な多重逆境状況は、約14万世帯の子どもへの影響が深刻であり、早急な取り組みが必要であることを報告しています。

子どもの貧困問題は、貧困という経済的な問題にとどまらない複合的な社会的不利の集積した問題であることを、この国家的な規模で実施されたイギリスの調査は示しています。とりわけこの国家的調査により多重逆境家庭のハイリスク要因を明確にしたことは、先進諸国における子どもの貧困の状況を多重逆境という視点から調査し、その現状を明確にし、実証化したものであり、その意義はきわめて大きいといえます。

第5章　多重の喪失と分離——二重の剝奪状況に追い詰められる子ども

池上和子

†統計では把握できない問題

前章では、主に統計的データと実証的な観点から、子どもがおかれてきた多重逆境的な環境のこと、そうした環境がもたらす問題について取り上げました。本章では統計的データや数字では把握できない、子どもの心の問題に目を向けたいと思います。すなわち多重逆境による子どもの傷つきは、どのようなことを表しているのか。それはどのような行動や表現、状態から理解できるのか。そうした心の問題を抱えている子どもは、どのような関わりを必要としているのか。こうしたテーマを中心に考えていきたいと思います。

†生活の連続性の喪失

児童養護施設に入所している子どもには、親の離婚や失踪、そのことがきっかけによる転居などを、生後の数年間のうちに何度も経験している割合が非常に高いことを前章で明らかにしました。引越回数の多さは、たんに生活している場や住まいなどの外的な環境が変化することだけを意味するのではありません。それは、親以外の人間関係の断絶や、新たな人間に出会い関係性を築くことに対する戸惑い、新しい環境の生活に入らなければならない不安など、心理的な傷つきを経験する問題へとつながります。ここでは、ある子どもが児童養護施設に入所に至るまでの生活の移り変わりの状況を、具体的にたどってみましょう。

†幼くして生活の場が転変とした男児——O君の場合

O君は、X年にA県に生まれました。ところがX＋2年Y月、父親の暴力（DV）が激しくなったため、母親は3人の子どもとともに家を出て、B県の親戚宅に身を寄せました。その2カ月後、C県にあるDV保護シェルターに入居しました。さらにその3カ月後、子どもの学校教育などのためにD市の母子生活支援施設に入所しました。生まれてから2年数カ月のあいだにO君は、出生地A県⇓B県親戚宅⇓C県保護シェルター⇓D市の母子生活支援施設と、生活の場を4カ所も変わる経験をしています。

そしてX＋3年後、O君はD市内の保育所に入園しました。しかしその5カ月後あたりから、次第に保育所を休みがちになりました。心配した保育所と母子生活支援施設からの連絡を受けて、地域の児童福祉関係機関が関わり始めました。しかし母親の精神疾患が深刻化し入院となったため、X＋3年と8カ月後、O君は兄弟と共にE市の児童相談所に一時保護となりました。X＋4年、O君は、兄弟とともに児童養護施設に入所となりました。O君は生まれてから約4年のあいだに、児童相談所の一時保護所を含めて生活の場所を6カ所、移動しました。そして、ようやく安定した育ちの場となった児童養護施設は、O君にとり6カ所目でした。

子どもが、このような外的な生活の環境の変化を頻回に重ねてゆくうちに受けるもっとも深刻な傷つきは、生活の連続性を喪失することです。イギリスで長年、社会的養護の子どもの問題に取り組んでいる児童・思春期心理療法セラピストのヒンデル Hindle,D（2008）は、こうした子どもが生後まもない頃から生活の場の移行が繰り返されるだけでなく、親の離婚や失踪などによる別れや喪失などを幾重にも経験するうちに、喪失されたものや喪失した人を悲しむ感覚をまとめていくことがとても困難な心理的状態におかれていることを、生活の連続性の喪失の深刻な心理的影響としてあげています。

このような生活の連続性の喪失を経験した子どもたちは「悲しみをまとめてゆく」（ヒンデル）ことの困難さだけではなく、心の準備が整わないうちに心の拠りどころにしている人を失う経験のあとに、その悲しみを分かち合い理解してくれる大人がいない生活に入ってゆかなければならない困難にぶつかります。子どもがこのような困難を幾たびも重ねてゆくなかで、しだいに自分自身のことや自分の将来のことに希望も関心も薄れ、自分について考えることをやめてしまう心理的状態へと追い詰められます。そうした心理的状態は、のちに学ぶことや他者と関係を結ぶことにも関心も希望ももたなくなってしまうという深刻な影響を及ぼします。

こうした悲しみをまとめてゆく『悲哀の作業』（フロイト）ができないままでいる

ことが、子どもの心の機能にも深刻な傷つきをあたえることを後ほど節をあらためて取り上げていきます。

†思い出の連続性の喪失

子どもが喪失を悲しむ感覚をまとめるのが困難な場合、心理的状態に抱える問題は、生活の連続性の喪失にとどまりません。それは子どもにとり、思い出の連続性の喪失や剝奪の問題へとつながります。

思い出の連続性は子どもにとり、自分と共に自分の歴史を共有し覚えている親の存在により親の心の内部に抱えられながら情緒的な相互交流や調整の経験を重ね、それを基盤にして培われてゆきます。思い出の連続性は、子どもにとっては自分と一緒に自分の歴史や出来事、過ごした時間を共有し覚えていてくれる親の存在によって子どもの心の内部に存在することができます。すなわち、子どもと共有した思い出が親の心の内部にも存在することによりはじめて、子どもも自分の思い出をつながりのあるものとして体験できるようになります。そして思い出を共有してくれる親とその思い出や出来事をめぐって語り合ったり、これからのことを考えたりしてゆくというような情緒的交流や気持ちの調整の経験を重ねてゆくことで、子どもの心の内部の思い出の連続性が培われてゆきます。

ところがこうした思い出の連続性の喪失は、子どもとしての通常の経験の喪失となります。このことは基本的に信頼している両親やそれに近い重要な大人に、心のなかの気持ちのつながりとして自分の歴史を共有してもらう経験を喪失することをも意味します。

子どもは、通常一人ひとりが独自にもっている、自分が育ってゆく歴史にともなうパーソナルな物語、自分だけの物語の連続性により、心の世界が育まれてゆきます。ところが、幼い時期から自分の育ちの自分だけの物語の連続性が遮断され、喪失してゆく経験を重ねていくことは、自分の育ちには自分の物語があるという心の世界(心理的世界)を育む機会が奪われてしまうことになっていきます。

また、こうした子どもが生活の連続性の喪失を経験しなければならない時というのは、同時に新しい環境に慣れてゆくことに意識的にエネルギーを向けていくことにもなります。児童養護施設の子どもたちのなかには、親の事情で突然に転居し、新しい環境に移り生活しなければならない経験をしている子どもが多くいます。心の準備もできないうちに、それまでの生活で交流したり繋がっていた友だちや大人との充分な別れの時間もなく新しい環境に入ってゆくことは、生活の連続性が遮断され、喪失を経験することにもなってゆきます。そのため、子どもは心のなかで喪失を悲しむ時間と空間がなかなか得られない生活をおくる悪循環に陥り、さらに傷つきを深める経験となってゆきます。

†環境の困難により発生する養育の混乱

児童養護施設の子どもは、入所に至るまでに多重の喪失や分離の経験を重ねています。しかしほとんどの子どもは、これらの喪失や分離の経験を未解決のまま、児童養護施設など新しい環境の生活に入って行かざるをえません。このような状況のなかで、生活の連続性の喪失と同じく子どもにとり深刻なのは、養育の連続性の切断や混乱の問題です。

子どもは児童養護施設への入所に至るまでに、家庭から児童相談所の一時保護所を経ます。その多くは、児童福祉行政が関わる以前の家庭において、親の離婚や新しいパートナーとの生活、あるいは実親が行方不明になるなど、子どもの主たる養育者が変遷し生活状況が二転三転する事態を経験しています。

†親の混乱により翻弄された養育の連続性——P君の場合

P君は、X年Y月に生まれました。生後5日目に退院しましたが、その1週間後「育てるのが難しいからあずかってほしい」とお母さんがA乳児院にP君を連れてきました。A乳児院は子どもの安全を第一に考え、緊急対応で預かりました。ところがその5日後、母親はA乳児院の対応がよくないとP君を強引に引き取っていきました。しかしそれから1週間後、今度は母親より「仕事をしないと生活できないからあずかってほしい」と担当の福祉司に申し出がありました。そのことによりB乳児院にP君は入所となりました。X＋1年、P君は気管支炎のためC病院に1カ月入院しました。X＋2年Z月、拘留中だった父親が出所後にP君がB乳児院にいることを知り、引き取りを希望してB乳児院を訪ねてきました。しかしその2カ月後、父親はある事件のため逮捕、再逮捕となりました。X＋3年、P君は規定により（乳児院の適用年齢を超えたため）、児童養護施設に入所となりました。P君が生後間もない時期から児童養護施設に入所に至る3年間には、出生した病院⇒自宅⇒

A乳児院⇓自宅⇓B乳児院⇓児童養護施設と6カ所、育ちの場が変わりました。その間に病院での入院生活も経験していました。

生後間もない時期から、新たな育ちの場に慣れるためにどれほどの不安と緊張にさらされたかと思いをめぐらせると、胸が痛みます。P君の児童養護施設入所後、母親は居所不明となり連絡が途絶えました。長い間、居所不明だった父親は、関係者の尽力により死亡したことがわかりました。

P君の生い立ちのような養育の連続性の切断や混乱を、ハットン（邦訳2006）は社会的養護の子どもの深刻な問題のひとつであると強調しています。そして社会的養護（原文では公的保護）のもとにある子どもには、親ではない養育者が子どもの連続性の担い手となり、実父母が与えられなかった連続性への信頼感や肯定的な感情を与えることが必要であることを強調していますが、まさしくそのとおりだと思います。さらに社会的養護のもとにある全ての子どもの連続的な養育のために、適切な方策やタイミングを考える必要性も訴えています。こうしたことは日本の児童養護施設の子どもにも必要であり、児童養護施設は子どもの育ちの連続性を担い、治療的な機能を果たす大切な役割を担っています。

†養育の連続性の混乱による心理的傷つき

養育の連続性の切断や混乱は、親の離婚や失踪などで主たる養育者が短期間に変わってしまう場合だけではありません。P君の生育歴にみられるように同じ親のもとで生じることも少なくありません。主たる養育者が替わっていないにもかかわらず養育の連続性の切断や混乱が生じる状況は、児童養護施設の子どもの多くが経験してきています。

親が長期間にわたる精神疾患の問題を抱えている場合や、薬物依存やアルコール依存の問題をもつ場合、子どもは幼い頃から親の情緒状態の変動や混乱に曝され、翻弄されながら生活してきています。ある子どもは風邪の治療のため母親と共に病院の待合室にいたところ、突然、母親が大声を上げながら待合室の椅子やあらゆるものを投げ飛ばし始め、錯乱状態となり入院するという経験をしました。薬物依存に伴う症状が突然、発現したのでした。このような親の不安定さのゆえ日常的な虐待が続いた子どもにとり、そうした親の状態は、親はいつ自分を不安にさせるかわからない人として心のなかで体験します。親は自分の世界を激変させ、予測のつかない不安と緊張をもちこむ人という思いを強めていきます。本来、子どもの心の内では、親の存在は安心して頼れる養育者として存在するのですが、こうした問題を抱えている親の場合には、安心できる親の存在を心のなかで育むことが難しくなってしまいます。

このような体験を慢性的に重ねてきた子どもにとり、親のような重要な大人から受ける養育が不安や混乱で脅かされた生活の体験となってしまいます。そのため親との生活は、安定した連続性のあるものとして体験できるものではなくなってしまいます。そのうえさらに親以外の大人に対してもまた、不安と不信を抱き、大人は安心できない存在という認知も強まります。このような大人に対する不安と不信、そのことから受けた心理的な傷つきが幼い時期から修復されないと、その後に出会った大人やケアに関わる人たちに対しても、不信や不安、怒りなどを向けてしまい、なかなか良い関係を築けないという問題を抱えることにもなります。

†二重の剥奪状況——環境から心の剥奪状況へ

このように外的な環境があまりにも不安と恐怖に満ちていると、子どもは自らが置かれた困難に満ちた状況を正視することを避け、防衛的な態度で過ごすうちに、内的に考える機能が奪われてしまいます。それは心理的剝奪状況というべき状態です。こうした環境による外的な剝奪状況が内的な剝奪状況を生じさせることを、精神分析の児童治療者であるウィリアムズ・G（1994）は「二重の剝奪（doublely deprivation）」と捉えました。すなわち社会的な環境の剝奪状況が、心理的な考える機能を剝奪するのが「二重の剝奪」状況です。

本章では、子どもが親の離婚や失踪、死別などを機に別れや喪失を重ねていくうちに、自分について考えることをやめてしまう心理的状態に追い詰められることを、生活の連続性がもたらす心理的傷つきとして取り上げました。大人に気づかれずに、子どもが自分について考えることを慢性的にやめてしまうと、子どもの考える心の機能は壊されてしまいます。自分自身には価値がないと感じると同時に、大人への不信と怒りを気持ちの深いところで抑え込んでいるため、自分を助けてくれる大人と出会ったときに、自分へ差し出された援助の手を拒んでしまい、自分を表現する拠りどころとして、破壊性を心の鎧のように纏《まと》ってしまいます。

このような自己破壊的な心の鎧のために、大人からの必要な援助を遠ざけてしまう状況へ自分を追い込んでしまいます。ひいては問題行動や学校生活への不適応、学習の遅れという形となって、ますます不利な状態へと追いつめられることになります。こうした二重の剝奪状況を遮断すること、それこそが児童養護施設の子どもに早急に必要な取り組みであるといっても過言ではありません。

第6章

教育ネグレクト――児童養護施設の子どもの学習の困難

池上和子

†剝奪的な養育環境が学習に及ぼす影響

児童養護施設で過ごす子どもの多くは、多重逆境のなかでしだいに考える機能が傷つき、二重の剝奪状況へと追い込まれることを前章では取り上げてきました。こうした人生早期の剝奪的養育環境が子どもの心や発達に及ぼす影響は、その後に就学し学校教育を受けるなかでどのような形で表れるのでしょうか。また学ぶ力が受けた傷つきに対し、どのような取り組みが必要とされているのでしょうか。

長期間にわたり子どもの成長を追跡し続けることで、人生早期の剝奪的養育環境がその後の子どもの認知能力や心理的発達に及ぼす影響を明らかにしている国際的な研究があります。イギリスで現在も継続しているイギリス・ルーマニア養子研究（以下ＥＲＡ研究と表記）です。

このＥＲＡ研究は、人生早期に剝奪的養育環境にあった乳幼児たちを対象とした研究です。この研究によれば、その後に安定した家庭に養子として養育され11歳をむかえた時点で、約40％の子どもが学習の困難や心理的な問題で専門的な支援を必要としている状態にあるといいます。幼い時期の剝奪的養育環境が、いかにその後の心の発達に深い影響を及ぼすかを実証的に明らかにし、私たちに人生早期の養育環境の重要さを提示した貴重な研究です。

†ＥＲＡ研究から明らかになったこと

ＥＲＡ研究はイギリスの代表的な児童精神科医であるラターRutter,Mらを中心とした研究グループが、１９９０年から１９９２年にかけてイギリス人家庭に養子(adoption）として引き取られたチャウシェスク政権崩壊後のルーマニア人孤児たちの成長を長期追跡している学際的研究です。

そのＥＲＡ研究プロジェクトは、①生後6カ月未満でイギリス人家庭の養子となったルーマニア人孤児58人、②生後6カ月から42カ月以内に養子となったルーマニア人孤児107人、③統制群としてイギリス国内で生まれ生後6カ月以内に養子となったイギリス人養子52人を研究の対象とし、心身の発達、知能、学力、心理的問題や行動の問題などを中心に追跡し、10年以上継続している調査研究です。

†早期剥奪状況の深刻な影響

ＥＲＡ研究ではリサーチ・サイコロジストのキャッスルたちにより、子どもが11歳を迎えた時点での学校生活で直面している問題を特別教育支援とメンタルヘルスの二つの観点から明らかにしています。

イギリスの学校教育制度では、児童に特別な教育のニーズがあると判断されると、特別教育支援または個別教育プランが適用されます。これらいずれかの特別教育支援が適用された子どもの割合は、②生後6カ月以後のルーマニア人養子39％、①生後6カ月未満のルーマニア人養子4％、③生後6カ月未満のイギリス人養子10％でした。そして②の生後6カ月以後のルーマニア人養子グループと、①と③の二つのグループには有意差がありました。

表9　イギリス・ルーマニア人養子研究（ERA研究）特別教育支援とメンタルヘルス（11歳の時点）

	人数	特別教育支援	メンタルヘルス支援
生後6カ月未満のルーマニア人養子	58人	4％	15.2％
生後6カ月から42カ月以内のルーマニア人養子	107人	39％*1	31.8％*2
生後6カ月未満のイギリス人養子	52人	10％	10.9％

＊1　$p < .001$
＊2　$p < .007$
＊3　Castle.J（2006）をもとに作成

11歳の時点で、②生後6カ月以後のルーマニア人養子グループの約40％が特別教育支援を必要としていることは、人生早期の剝奪的養育環境がいかに子どもへの影響が大きいかを示しています。

†心理的な問題が影を落とす学習困難

キャッスルらは、こうした特別教育支援を必要とする子どもの学習困難の問題を、心理的な問題とのつながりからも検討しました。その要因として、子どもの集中の困難や集団指導になじめないこと、いじめなどにより学校生活が楽しくないという訴えが少なくないことを指摘しています。思春期をむかえた時期に学習の困難を抱え、仲間との関係が築けなかったり学校生活が楽しめない子どもが、その後に社会へと歩みだすまでにどのような支援が必要なのか、とても重い課題が残されています。

†児童養護施設の子どもが抱える学習の困難

児童養護施設の子どもをはじめ社会的養護の子どもへの心理的評価では、言語表現が乏しかったり集中力の持続が弱かったりする子どもであっても、丁寧に説明すると理解できる力が観察されることがしばしばあります。こうした子どもは、担当した心理士との間で表現している理解力のわりには学力が低い状態であることもまた、少なくありません。担当職員や心理士との会話や話し合いでの場面では年齢相応の理解力を表すことができるにもかかわらず、学校の教科学習になるとそうした生活場面で観察される理解力が発揮されず、学力が低い状態が続いていることがあります。

知能テストなどのスコアで評定される水準は標準とおくれているの境界にあるけれども、実際に評価をした心理士との相互的な関わりの過程で観察される理解力には、スコア以上の潜在的な可能性を感じさせる子どもが少なくないことを、児童養護施設の子どもに関わる心理士や児童福祉司は実践のなかで実感しています。そして、子どもが示している知能や学力の問題には、混乱し不適切な養育環境の影響によるものが大きいのではないかと感じています。こうした子どもの状態は、慢性的な「教育ネグレクト」ともいえる状態であり、学習への支援と同時に心理的な取り組みも必要だと言えるでしょう。

†教育的ネグレクト――養育ネグレクトがもたらす第二のネグレクト

教育的ネグレクトとは、前述のような混乱した養育環境にあった子どもが、学校教育のなかで自分の成長や達成に興味を持たなくなり、教師はそうした子どもを意欲や学習能力が低いと見なし、関わりが希薄になってゆくという第二のネグレクトの状態です。

前章で取り上げたように、幼い時期から養育の連続性が慢性的に混乱している生活を続けてくると、子どもはしだいに自分の生活を場当たり的で気まぐれに過ごすようになり、そうした経験の積み重ねが自分の人生そのものをも同じように捉えさせます。つまり、先のことは考えても仕方がないので、人生を場当たり的なものと感じ、心の内はしだいに虚無感や無力感に覆われてゆきます。このような心理的状態に気づかれぬままに学校生活に入ったときには、学校で行われていることに主体的に関わることが難しくなります。

こうした主体性が希薄な子どもは、教師からは意欲が低い生徒とみなされやすく、子どもは学校でも自分には関心を向けられていないと感じ、相互に関心が希薄になってゆく悪循環が発生するリスクが高まります。

児童養護施設の子どもには、入所に至るまでにこうした教育ネグレクトの状況におかれていたケースが少なくありません。教育ネグレクトは、慢性的な養育のネグレクトにより心理的な傷つきを負った子どもが、その傷つきのゆえに学校教育に適応できず、しだいに見過ごされ、学ぶことに対し無力感に陥ってゆく二重のネグレクトでもあります。

†考える機能の傷つきからの回復——S君の場合

S君は親からの虐待を理由に児童相談所に保護され、児童養護施設での生活をおくっています。彼には複数の弟や妹がいます。弟や妹も決して両親から適切な関わりを受けているとは言えない状態ですが、S君ほど極端な攻撃を受けてはいない状況と思われます。ただ、その実態は明確には把握されていません。その理由は、両親が周囲との交流や接触を極度に嫌い、なかなか連絡が取れず接触できないためです。

両親は子どものことに伴う社会的な関わりや交流には拒否的ですが、自営の店の仕事には夫婦ともに熱心なため、児童相談所はこれまでに何度もS君の家庭復帰を試みてきました。しかし家庭で一緒にいる生活になると、親子の関係は膠着し危険な状態になることが繰り返されてきました。また彼が家庭に復帰してみると、そこには新しい弟妹が誕生しており、そのこともS君の心に深い影を落としました。そのためS君の生活は、児童養護施設の生活が中心となっていきました。

ふだんの施設の生活では周囲からみると些細と思われることで感情が爆発し、室内や器物を破壊する暴力がしばしばありました。そうした感情の爆発や破壊的な行動は、自分より年下の子どもと過ごしているときに起きやすいと職員は理解し、注意を払いながら関わっていました。さらに学校でも施設でも前後の流れを考えずに行動し、同じ原因で何度も失敗することが繰り返されていました。

またS君には、著しい低身長の問題もありました。低身長は、乳幼児期に深刻な虐待的環境が続いた子どもに生じることがあります。施設に入所後には、施設のバランスのとれた献立や穏やかな雰囲気での食卓など食生活や環境の良好な変化にもかかわらず、なかなか身体的な変化にはつながっていない状態です。こうしたところにも幼い時期の虐待的環境の深刻な影響が表れています。

S君は、知能は標準範囲の水準ですが、小学生のときから学力が著しく低いという問題もありました。S君の学習困難に影響を与えている背景として、情緒や行動の衝動性の高さや感情の爆発が、S君に本来備わっている能力を発揮するのを妨げ、学習の困難となっていると考えられました。そこには乳幼児期に受けた親からの振幅の激しい情緒的攻撃や、不安定な養育環境などの影響もありました。

†考える機能の回復

S君自身は、現在の自分の問題や将来のことについてどのように考えているでしょうか。彼は自分の将来に話題が及ぶと、熱心に話し始めました。

「大人になってから何になりたいかっていうのが、ここ（施設）にくる前からずっと同じだったんだけど、最近なりたいものが変わってきたんですよ。今まではずっとプロ野球の選手になりたいと思っていた。だって、ぼくはすばしっこいから。でも、今はプロ野球選手はやめて、保育の仕事をするようになりたいと考えているんですよ。中学生になって体験学習の時間があって、そこで保育園のこどもの面倒をみる勉強をしたんです。小さい子どもと一緒に遊んで、大人になったら保育士になろうて思って。だって小さい子どもは相手によって変わる無限の可能性を持っていますからね。大人の関わり方でいくらでも変わるんだなていうのがわかったんですよ。でも……」とそれまでの高揚した雰囲気から、低い静かな声になりました。「気になっていることがあるんですよ。保育士になるためには大学にいかないといけないんでしょう」と不安げな表情になりました。そしてためらいがちな表情から、意を決した表情に変わり「実を言うとぼく、主要科目がすごく苦手なんですよ。これで大学にいかれるようになるんでしょうか……。ぼくは大学に行きたいて言ったら、大人は笑わないでしょうか？　ぼくは、いまに大学に行きたいて言っても大丈夫でしょうか……」と打ち明けるように話しました。

現実のS君の数学や英語など受験に必要な主要科目の学力は、小学校高学年レベルでした。それまでのS君は中学の学習課題には歯が立たず、かといって小学校高学年と思われる学習教材は目にすることさえも拒絶しました。ところが彼がみずから語るように、将来の希望が変わり、進学の希望と学習の必要性を彼なりに認識するようになってから、彼は進んで学習支援を希望し、ボランティアの大学生のお兄さんの指導のもと小学校高学年のドリルに取り組むようになりました。

S君が語る将来の希望の変化とその理由と、そのことで新たに生じた不安は、他者との関係のなかで気づくという経験ゆえの不安でもあります。彼の成長のたしかな道すじが語られています。と同時に、成長に伴い、考えることにとどまれるようになったがゆえの不安と心の痛みも表現されています。自分自身に希望をもち、そのことを大人に話したとき、大人は果たしてバカにしたり無視しないで受けとめてくれるだろうか——。この不安感には、虐待的環境のもとにあった子どもの心理的傷つきと、そこからの修復へと向かう心の世界がよく表されています。

†希望を語る不安

このような「自分が変われる可能性を知る」体験が、学ぶことにつながっていきます。虐待的環境によって傷ついた考える機能が少しずつ修復されてゆく途上では、新たな課題が彼の前に立ちはだかります。S君の「ぼくは大学に行きたいと言っても大丈夫でしょうか?」という言葉には、幾重もの不安がこめられています。自分の学力の水準を理解することは、到達すべき目標の遠大さを理解することでもあります。そのような現実を知りつつ、達成困難と思われるような希望を話して、果たして大人や職員はそれを否定しないだろうかという不安がわいてきます。

自分の可能性や将来に容易には希望がもてない子どもは、自分の将来への希望を話して否定されたり、嘲笑されたり、非難されるのではないかという不安に脅かされ、圧迫された状態におかれたまま過ごすことが多いため、心のなかで将来の自分について思い描くことができないままでいることが多いです。それゆえ自分に関わる他者に自分自身に対する期待や夢や可能性を言語化し理解される経験を得ることは、さらに困難になってしまいます。

特にS君のように他の弟妹よりも殊更に親からの身体的、情緒的攻撃を受けていた子どもは、〝自分は望まれていなかったのではないか、愛されていないのではないか〟という不安と、自分がおかれている状況は自分の力ではどうすることもできないという無力感や絶望感に圧迫され、自分の願望や可能性について考えることの停止へと向かいがちです。

そしてこうした子どもが考える機能を取り戻し始めると、自分の現実と過去に直面するという耐え難い苦痛を経験することになります。それは、これまでの生活のなかでいかに傷つけられ破壊的なやり方で圧迫されてきたかという心の痛みであり、そのため家族との生活を切断された悲しみでもあります。このような幼い頃から続いてきた自分の人生の現実に向き合い、受け入れてゆく心の作業は容易ではありません。

†施設の安定性と連続性の機能

乳幼児期から「二重の剝奪」状況におかれてきた彼は、施設での生活の積み重ねのなかで、考えるという経験をできるようになりました。繰り返される彼の感情の爆発や行動に対して〝おにいさん、おねえさん〟たち（職員たち）は、暴力的な報復をするのではなく、彼の感情や行動の意味を汲み取るべく、根気強く情緒的な関わりをつづけ、彼を支えました。

そのことは、彼の感情の爆発に損なわれることなく、施設での毎日の生活の枠組みは変わることなく進むことを意味しました。安定して過ごすことを体験的に知ることができたのです。こうした施設の環境の安定性と連続性という機能が、彼の心のなかに考える機能を育て、彼自身が気づいてゆく成長につながっていきました。

連続性が確保された生活のなかで彼は、自分の関わり方の違いにより幼い子どもが変化するという関係の相互性に気づきました。そしてその気づきが、自分が変われる可能性を心のなかに見出すことへとつながってゆきました。

†複合的ネグレクトの遮断のために

児童養護施設の子どもの教育ネグレクトの問題は、将来の社会的自立の基盤へとつながる決して看過してはならない問題です。子どもが、みずから学び、学習を継続的に積み重ねて課題を達成してゆくという地点に立つためには、自分が体験したことと情緒とを結びつけて考える経験が必要です。しかし多くの子どもは、入所前の環境による傷つきゆえに、自分の情緒と体験を結びつけてゆく力が十分に備わっていません。

教育ネグレクトにおかれていた子どもの学校教育の適応への援助のためには、知能や学力だけではなく情緒的特性についてのアセスメント（査定）も必要です。自分の情緒と体験をつなげ、考えることの経験の集積が基盤となって、はじめて学習の支援が有効に作用します。子どもの読み・書き・計算能力を測定することによって、おのずと学校や子どものあり方、将来の可能性が検討されますが、このことは子どもの将来のライフチャンスの可能性を高めるために必要な教育的援助を導き出すと言えるでしょう。

児童養護施設の子どもにおける教育ネグレクトの問題は、入所前の生活の連続性の切断やネグレクト的な養育環境との複合的な状況と関係しています。児童養護施設の子どもの多くは、乳幼児期からの養育のネグレクトが学校教育での教育ネグレクトへと連なるネグレクトの連鎖に陥るリスクをはらんでいます。

虐待の世代間連鎖の問題は社会的な課題として認識されつつありますが、児童養護施設の教育ネグレクトの連鎖の影響をより明確にしていくことが、今後の課題ではないでしょうか。児童養護施設の子どもの教育ネグレクトの発見と対応は、将来的な社会的自立のための援助の指針を立てるために必須と考えられます。

第7章
親の問題とどう取り組むか

池上和子

1 入所児童の親が抱える心理的問題

†関係を結ぶ困難

児童養護施設に入所している子どものなかには、父親や母親が居所不明のままだったり、すでに亡くなっていたりする場合も少なくありません。そうした状況のなかでも、ときに自分の実の親の居所がわかったり、親の親族から連絡があったりする場合があります。また、入所当初から親とのコンタクトが可能な家族もあります。しかし連絡や面会のときには一緒の外出が可能であるからといって、そこからすぐに親子が一緒に暮らす生活、いわゆる親子再統合の生活に入ってゆくのは必ずしも容易ではありません。

こうした現実の見落とせない背景として、入所児童の親が抱えている心理的な問題があります。イギリスでソーシャルワーカーとして長年、社会的養護のもとにいる子どもの問題、とくに里子や養子の子どもの実親の問題とその調整に取り組んでいるトレマッシェは、そうした親の特徴として「何事に対しても誰に対しても対立的、反発的になること」をあげています（Tollemache, 2006）。そうした特徴は、自分をサポートしてくれる人との信頼関係を築く際にも困難を生じやすいだけではありません。かりに自分をサポートする人と関係が築けたとしても、その人の関わりが〝自分の考えとぴったり一致しない〟と、なかなか受け入れられないという問題がしばしば生じます。またあるときには〝良い〟と思えたことが、後になって〝悪い〟こととなってしまうことも起こりがちです。

こうした特徴は、わが国でも児童養護施設の職員や児童相談所で親と関わる立場の職員などをはじめ実践に身をおく人ならば、誰もが身につまされ、実感をもって受けとめられるものではないかと思います。

†親自身も負う世代間連鎖による傷つき

さらにトレマッシェは、親がこのような状態に至った理由として、親自身が未だ解決されていない外傷的経験をもち、そうした傷つきがさらに予測困難な行動を引き起こし、この繰り返しが誰をも信じることができないため、「世界は予測不能で、私を傷つける」というふうに被害的に認知しやすい傾向があることをあげています。そのためこうした親たちは、自分の子どもについて考えたり、自分と子どもを分離して考えることが難しいのです。

すなわち社会的養護状況にある子どもの少なからぬ親たちが、世代間連鎖された傷つきと他者との関係性の困難の問題を抱えています。そのことは児童養護施設の入所児童の心理的問題のみならず、退所後の自立にも深く関連する問題でもあります。そのため、こうした問題を抱えた親とどのように関わり、子どもとの関わりの意義をどう位置づけてゆくのか、親について理解することは、入所児童の心理的支援としてきわめて重要です。

そして、これらの問題について理解することは、児童養護施設の職員のみならず、児童相談所など福祉、教育、医療の分野で被虐待児や社会的養護の問題に関わる全ての専門家にとって欠かせないものと言えます。

2 親をめぐる心理的葛藤

児童養護施設で暮らす子どもにとって実親の存在や家庭で過ごした時間のことは、意識的であれ無意識的であれ、心のなかに今も生きています。かりに言葉のうえでは否定したとしても、気持ちの深いところでは決して消えるものではありません。心理的かつ社会的に剝奪的状況にあった子どもの多くは、実親に対する強い理想化と同時に、その対極の怒りと拒否を同時にかかえた心の世界があります。

そのため、子どものケアに関わる施設の職員や心理士の人たちは、子どもの心のなかの極端に悪い親イメージを投影され、怒りや不満、他者否定などネガティブな感情である「陰性感情」を刺激されることも少なくありません。また一方では、いつの間にか極端に理想化された親のイメージを引き受けていて、気がついたときには膠着状態に陥り、ときには職員間の軋轢の誘因ともなるような、深い問題でもあります。

とくに子どもが思春期をむかえたとき、そうした心理的葛藤がより強まります。幼い時期から児童養護施設で過ごし中学生・高校生となっている子どもの多くは、親の離婚あるいは親との離別を経験しています。親の離婚を経験した子どもは、母親に引き取られることが多いのが実情です。しかし第4章で明らかにしたように、児童養護施設に入所している子どもの母親には、社会的かつ経済的な困難と同時に精神的疾患の困難を抱えているケースが少なくありません。また、我が子の存在と同時に、異性の存在を必要としている心理的葛藤が子どもに向けられてしまう状況が続くこともあります。こうした複合的な経験は子どもの心のなかではどのように体験され、影響を及ぼしているのでしょうか。

†親への理想化と拒絶——Tさんの場合

児童養護施設で思春期にある子どもの養育背景として、親が精神疾患を抱えているケースは少なくありません。こうした背景をもつ子どもの多くは、家庭の破綻と親の精神疾患に起因する、情緒的混乱の渦に巻き込まれた生活を経験しています。外的環境の連続性が切断され、内的環境が混乱に曝されてきた子どもが直面するのは、自分の親が「心を病む親」であるという現実とどう向かい合うかという心理的な問題です。それは、子ども自身が自分の人生を考えていくうえでも切り離せない問題でもあります。

Tさんが乳児期の頃に、両親は離婚しました。そのためTさんには父親の記憶がありません。父方の親族との交流も断絶しているため、父親の行方や生死の状況を知る手がかりも全くありませんでした。Tさんの母親は、彼女が生まれる前から入院治療を必要とする精神科的疾患がありました。

母親が抱えてきた長期間にわたる心の病がもたらす問題は、Tさんと兄との生活を予測のつかない混乱で翻弄しました。母親の精神的状態の振幅の激しさゆえに、あるときまで母子一緒に穏やかな生活が続いていても、ある日突然母親は外出し、数日間、帰宅しないことがありました。また日常生活は不規則で、食事は偏り、起床から就寝までの時間の流れのなかで、幼い子どもが成長に必要な枠組みのある生活を営むのが難しく、場当たり的、突発的な生活が続きました。

そのため兄もTさんも、年齢に相応な保育園や幼稚園へ入園せずに、小学校へ入学しました。地域社会とつながった幼児教育を受けぬまま就学した彼女は、小学校入学のスタートの時点ですでに教育的不利の状況におかれていました。そうしたTさん兄妹の生活を見るに見かねた近所の人たちが、自分たちが使わなくなった電気炊飯器をプレゼントし、ご飯の炊き方を教えました。それによってTさん兄妹は、炊きたてのご飯を食べることができるようになりました。それまでは母親が外出したときに買ってきた真空パックのご飯を食べる食生活で、しかもそれは母親が子どものことを覚えていて帰宅した時に限られていました。いつになったらご飯の時間になるのか、それともお母さんはご飯を買って帰ってくるのか、予測のつかない母親の行動で食事が翻弄される不安は、自分たちでご飯が炊けるようになったことではるかに少なくなりました。

ただ、その食卓は、自分たちで炊いたご飯にマヨネーズやソースをかけて食べるものでした。Tさん兄妹は、主菜や副菜、汁物で構成された食卓をほとんど経験したことがありません。また食生活だけでなく、日常生活のなかで季節に適った服装を組み合わせたり、着替える習慣や、衛生の感覚、室内の片づけの習慣がなく、Tさん兄妹の生活はネグレクトの状態にありました。

Tさんが小学生半ば頃から、母親が急に興奮状態となることが度重なり、ひとたび興奮状態になると我が子に殴りかかったり、大暴れしたりするなどの唐突な行動が頻回となりました。近所の人の通報で警察がかけつけ、母子ともに保護され児童相談所の一時保護を経て、Tさん兄妹は児童養護施設で生活するようになりました。

†ネグレクトによる傷つきと修復

Tさんは、児童養護施設での安定した枠組みのある生活のなかで落ち着きを取り戻し、遅れていた学習も職員のサポートにより進み、公立高校に進学することができました。ただしその過程は、決して順調ではありませんでした。乳幼児期からのネグレクトの影響は、生活経験の不足だけでなく社会的文化的経験の慢性的な欠如となり、学校生活で友だちと交流し関係を深めるときに影を落としました。それは多くの友だちが経験していることを自分は知らないまま成長してきたという孤立感だけでなく、その反動として強がりを言ったり独自性を強調したりしたため、信頼関係を築くときにひずみをもたらしました。

また長期入院中である母親は、その病気ゆえに、気まぐれで唐突に連絡を寄こし、そのことで気持ちが攪乱させられることもしばしばでした。そういうときには「もう電話してこないで。迷惑でしかないから」と言って、電話を切ってしまうこともありました。母親へのこうした言葉や行動には、学校生活や友だちとの交流に忙しく過ごすことで、入院生活をおくり混乱を持ち込む母親の存在を心の内から閉め出してしまう気持ちの状態がみられます。そのことで長い間心を病んでいる母親のことを考えないようにして自分を保っているところもあります。こうした心の状態は躁的防衛という、つらく悲しい現実に向かい合うことを心のなかから閉めだす心の働きで、悲しみをまとめていく作業から遠ざけてしまいます。

長い間、心を病み混乱を持ち込む母親の存在は、Tさんの心的世界で、自分の将来への思いと互いに関連しながら体験されていました。

「ここ（施設）で生活するようになって、夏休みには海外でホームステイが経験できた。高校生になって海外のホームステイをしてみて、もっと勉強して資格をもった仕事がしたいと思った。医療関係の資格をとって病院に勤められるようになったら、お母さんと一緒に暮らしたい。ここに来る前のお母さんはいやだったけど、私が医療関係の仕事ができるようになる頃には、お母さんももう少しよくなるかもしれないと思う。そうしたら私が仕事をしてお母さんと一緒に暮らせるようになると思う。

私が小さい頃のお母さんはいやだった。その頃のお母さんは恥ずかしいから、友だちにも知られたくなかった。でも私が高校を卒業してちゃんと医療の資格をとってがんばれば、〝私もがんばっているんだから、お母さんも良くなるようにがんばって〟って話したら聞いてもらえるんじゃないかな。お母さんと兄妹と一緒の生活ができるように、ちゃんと卒業して仕事に就きたい」

✝母親に対する拒絶と理想化のはざまで

ここには、母親に対する彼女のアンビバレンスな気持ち、二つの相対立する気持ちが素直に表現されています。生みの親、生まれた家庭に対する嫌悪、拒絶の気持ちと、その一方で将来的に親とともに過ごす生活への希望と理想化が交錯しています。彼女が将来に向けて思い描く母親と共に暮らす生活には、親子が一緒に過ごす家庭生活を強く求める気持ちや、一度は破綻した家庭生活を自分が経済的に自立することにより復活させたいという希望が映し出されています。また将来の進路に医療職を希望する気持ちには、物心ついたときから心を病んでいた母親を修復したい思いが表れています。病んだ母親の修復への思いは、それまでの自分の育ちの修復と再構成への思いかもしれません。

こうした親と共に暮らす生活への希求と理想化は、Tさんの将来の自立に向けてポジティブに作用している側面があります。その一方で彼女の心のなかで、母親への拒絶と同時に、将来の親とともにある生活への極端な理想化という両極端な分裂があります。親と一緒に過ごす生活に向けられた過大な期待や理想化は、実親への失意や怒りの裏返しでもあるでしょう。

幼い頃から心の病を抱えた親と生活してきた子どもは、周囲に頼る術がなく、自分で自分自身を支えてがんばってきた場合が少なくありません。それは親の精神疾患に起因する突然の心理的混乱と生活環境の混乱、こうした複合的混乱から自分を必死に保ち、精神的支えを自給自足でしのぐ努力を余儀なくされた生育の歴史でもあります。

†親子の心理的な逆転関係

日々の生活の中で親の不安や不調の前兆に敏感になり、そうした混乱から自分を極力守ろうとする心理的状態で長く過ごしてきた子どもは、いつの間にか親子の心理的関係や役割を逆転させて体験することも少なくありません。すなわち表層的にはしっかりしたがんばる子どもとして見えるのですが、その内実としては大人や環境に適切な依存を経験することができず、むしろ親を気遣ったり世話をすることで自分の安全感や存在感を確保するという、逆転した心理的関係です。周囲の大人や環境に適切に依存できる信頼感は、安全が護られたうえに成り立ちますが、いつ混乱が生じるか予測がつかない不安に苛まれた生活では育むことはとても難しいのです。

今後、彼女が施設の生活から自立へ向かうとき、施設入所以前の「恥ずかしいお母さん」「嫌いだったお母さん」の現実に直面し、心のなかで理想化された母親とともにいる生活が破綻する痛みを経験してゆく可能性もあるでしょう。このような現実の親と直面したときの心的苦痛と悲しみを、自分の重要な人たちに適切に受けとめられる経験が、今後の彼女の心理的自立には必要です。

3 実の親との心理的課題——親とどのように交流を重ねるか?

†心理的困難を抱えた親とのコンタクト

こうした心理的困難を抱えた親とは、どのように接点をもったらよいのでしょうか。また、コンタクトをとり関係を形成してゆくときには、どのような問題が生じるのでしょうか。

実親とのコンタクトの在り方は、それぞれの家庭の実情により検討する必要があります。そのため様々な可能性を視野に入れる必要があり、「親がいるならばコンタクトをとればよい、交流すればよい」と短絡できる問題ではありません。とくに性的虐待などがあった場合には、慎重な判断が必要です。そして、コンタクトの方法も対面なのか手紙なのか電話なのか、それぞれの親子の状況やニーズにより判断する必要があります。

親の状況がいかなるものであろうとも、児童養護施設で生活する子どもにとり実親と何らかの形でコンタクトをもつことができることは、たとえその気持ちが素直に表現されるのが難しかったとしても、自分が生まれ存在していることを認識する経験となります。これは、他に代わるもののない経験です。そのことを理解しておくことは、親との関係の調整や支援に取り組むときにとても重要なことです。

†親とコンタクトをもつ意義

実親にとり児童養護施設で生活しているわが子に会うことには、どのような意味があるのでしょうか。施設の職員やケア・スタッフは、親がわが子と接触する意義をどのようにサポートしたらよいのでしょうか。

その意義は親子により様々な側面があります。しかしその本質は、親がわが子とコンタクトを持つことで子どもの成長を知り、それを親子で共有することにより、親子の関係性を調整、修復することにつながることにあります。

†子どもに他者が影響を与えること

ところが親によっては、日々の生活において、わが子に自分以外の他者が関与し、良い影響を与えているのを見る立場になることを、耐えがたい出来事として体験することが少なくありません。しかし、こうした心理的な耐え難さを超えることは、親自身に子どもを虐待することを回避させ、それが子どもを守ることにもなります。そのことを理解できるように伝え、支え続けてゆくことは、親への支援にはとても必要です。

親が自分の子どもとコンタクトを保つ意義を「実の親が他者により育てられている自分の子どもを愛し、生涯にわたって関心を持ち続けるリハビリテーションの過程」とリンゼイ（Lindsey,C）は位置づけています。リンゼイは、社会的養護の子どもたちの心理療法や家族療法に取り組んでいるイギリスの児童精神科医です。自分の子どもが他者の世話になったり養育をうけていることを受け入れてゆくこと、自分の子どもが他者の影響を受けて成長してゆくことを受け入れる能力は、社会的養護状況にある親子のみならず通常の家庭の親子においても、親の機能として欠かせないものです。

親と子のコンタクトのあり方はそれぞれの親子がおかれた状況で様々であり、その状況により柔軟に考えていく必要があります。しかし、いかなる状況の親子であれ、自分の子どもが児童養護施設での養育に移行した後も、親が自分の子どもとコンタクトをもつ意義は、わが子が他者の影響を受けながら成長していること、その現実を受け入れてゆくところにあります。それは子どもが他者と関わり、関係性を築き、その関係性のなかで変化する可能性があること、そのことに子どもが希望を抱いて生きていること、そうしたわが子の姿を通して、親が他者と関わりをもつことに可能性や希望を感じられるようになることでもあります。そこに児童養護施設で生活する子どもに親がコンタクトをとる、大切な意義があります。

このように児童養護施設で生活するわが子に親がコンタクトをとる意義は深く大切なものであるにもかかわらず、実際に子どもをケアしているなかでは、必ずしも単純に親とのコンタクトを推し進めるわけにはいかない現状もまた、少なからずあります。

4　親とのコンタクトに必要なアセスメント

†わが子との分離と再会をどのように体験しているか

入所児童の少なからぬ親が、長期間にわたる精神疾患あるいはアルコール依存や薬物依存などの問題をかかえています。こうした背景をもつ親の場合、ある時はコンタクトにふさわしい状態であっても、別の時には子どもにとり不適切な状態であることがあります。このような親の場合、親とのコンタクトのあり方の判断や設定には、心理的査定（アセスメント）が必要となります。

その査定（アセスメント）のポイントの一つが、親が子どもを訪問に来たときと去ってゆくときとを繰り返す過程でなされる「関係性の質」を観察してゆくことです。すなわち、親はわが子との分離と再会をどのように体験することができるのか、その評価が親と子のコンタクトのあり方を考える重要なポイントとなります。

†関係の質を見極める

親がわが子を訪れるのが気まぐれであったり、あらかじめ連絡があったとしても、直前になって取り消されることが度々続いていないか、また親と子が再会したときどのように過ごしたかなど、そのときの親子の関係性の質の評価も見落とせません。とくに親が子どもの情緒的ニーズにどのように出会い、受けとめているのか、そのあり方や能力を注意深く観察する必要があります。

親が施設の職員や児童相談所の担当者にはわが子との面会を熱心に語っていたとしても、いよいよ具体化していく段階になるとなかなか実現しなかったり、面会が気まぐれだったり、直前に取り消されたりすることが起きることを、施設の職員はしばしば経験します。そこには親が抱える問題として、自分の心のなかにわが子の存在を保持し続けることのむずかしさが理解されます。ところが、親のこうした状態が長く続くと子どもは親の情緒状態に翻弄され、失意や落胆の体験を重ねることになり、親とのコンタクトの意義よりも情緒的傷つきを深めるリスクのほうが、はるかに高くなってしまうという問題が生じてしまいます。

親とのコンタクトをめぐる経験が、このような親への失望や怒りを惹起させるような情緒的体験となることが続くことは、子どもに心の内に親と接点を持つことに対する葛藤を深めさせ、心理的逸脱のリスクを高めてしまうことにもなってしまいます。

†親との関係を自己決定するために

そのようなリスクがあることを理解しつつも親とコンタクトをもつ意義について、前述のリンゼイは、「親とコンタクトをとり、関係の維持に払う対価は重要である」と強調しています。なぜなら、かりに生みの親とのコンタクトが子どもにとり失望や重荷になったとしても、そのことは自分で決定したという意味が大きく、生みの親に対して開かれているということ、そのこと自体に意味があるからです。それは子どもが自分の親の現実に直面することで自分の人生を直視し考える経験となるため、そのことはたしかに子どもにとり重要な対価と考えられます。とはいえ、その対価があまりにも大きすぎる場合にはコンタクトを中止したり、なんらかの方法で少なくしてゆく判断が必要となることも、リンゼイは強調しています。

親の状況がいかなるものであるにせよ、子どもにとっては過ごしてゆく時間の経過とともに発達的ニーズが変化してゆくため、コンタクトのあり方は子どもの成長と共に柔軟にして繊細な調整が必要です。そしていずれの発達段階の場合においても最も重要なことは、子どもの身体的情緒的安全が確保されたなかで最善のコンタクトのあり方を模索してゆくことにあります。

第8章

児童養護施設からの自立と自立支援

高橋利之

†児童養護施設からの自立とは

日本では、児童福祉法第4条にて「児童とは、満十八歳に満たない者」と定義されています。児童養護施設で生活する子どもの多くは家庭環境が改善され実親や親戚の家に家庭復帰をしますが、家庭復帰が叶わない場合はおおむね18歳の年度末に高校卒業とともに施設を退所しなければなりません。ここでは18歳になって児童養護施設を離れることを「退所」、施設を離れ自分で生活を始める子どものことを「退所者」と呼ぶことにします。退所後に家庭へ戻り、実親との生活をふたたび始める退所者もいますが、アパートなどを借りて一人暮らしを始める退所者もいます。

前者ではなく後者の「一人での生活を始める退所者」を対象として、本章では「児童養護施設からの自立」について考えてみます。

18歳という若さで一人で生きていくことには、様々な困難がともないます。炊事や洗濯といった家事、食費や家賃など生活費の管理、保険や年金などの手続き、職場や地域での人間関係、心身の健康の管理にいたるまで、何もかも一人で行わなくてはなりません。ですが、18歳ですべてをそつなくこなすことは至難です。そもそも未成年の時点では契約などの面で法律的にも制約があり、保証人となる家族や施設等と連携をとる必要があります。

予想できるこうした困難に対して、子どもたちは退所する前にできるだけ生活技術を身につけ、社会の仕組みや人間関係などを学んでおくことが、自立のために重要な準備となります。この自立のために行う本人の準備を含め、養護施設や里親家庭、支援団体や企業等が行う支援のことを「自立支援」と呼びます。

外部からの支援として、アメリカでは90年代から実践が行われていました。日本ではこれまでそれぞれの施設での取り組みが主でしたが、2000年を過ぎた頃から外部団体による支援が行われ始めました。このうちNPO法人エンジェルサポートセンターはアメリカでのプログラムを参考に2003年から東京都にて自立支援プログラムを開始し、複数の施設や里親家庭から高校生を募集しプログラムを開始しました。専門家による講習や教育プログラムを多くの高校生が受けられるようにし、自らの自立に向けて学ぶという同じ目的を持つ同士が地域や生活する施設を超えて交流することで肯定的に影響し合える人間関係を作ることで、学びながら自信を回復していくことを目的としています。

児童養護施設等からの自立を外部から支援する立場から、ここでは自立と自立支援について紹介していきます。

✝自立する若者たちの困難

では、児童養護施設からの自立に際し、どのような課題が存在し、どのような支援が行われているのでしょうか。新しい生活を始めた退所者たちは、どのような困難に直面しがちなのでしょうか。児童養護施設等の退所者を対象にした調査が平成22年度に行われ、これまで全体像が把握できていなかった実態が、この調査によって明らかになりました。平成23年に「東京都における児童養護施設等退所者へのアンケート調査」として、その結果が公表されました。

「施設退所直後にまず困ったことは何ですか」との質問に対して最も多い回答（複数可）は、「孤独感、孤立感」（29・6%）でした。また「身近な相談相手・相談窓口」（12・8%）がなく困ったとの回答と、10%以上でそれに続く「住民票や戸籍の手続き」「健康保険や年金等の加入手続き」「電気、ガス、電話等の契約に関する手続き」との関係は、大きなライフイベントを多く迎える20歳前後の重要な時期に、身近に相談相手がいないことの切実さを表しています。「退所前後にはどのような支援が望ましいか」という質問に対しても「生活相談、仕事相談、対人関係の相談等、相談全般の窓口」との回答が最も多く、半数近くの44・3%が選んでいます。

さらにコメントのなかには「まともに生活できない人にとってはこのアンケートを書いて送るのは困難だと思います」ともありました。結果に表れている数値が、まだ施設等とつながりを保ち回答に協力できる状態にある人たちからの集計結果だと考えると、社会での孤立や相談相手の不足は、数字以上に厳しい状況だと推測することができます。

†児童養護施設での自立支援

児童福祉法の第41条において「児童養護施設は、保護者のない児童（中略）、虐待されている児童その他環境上養護を要する児童を入所させて、これを養護し、あわせて退所した者に対する相談その他の自立のための援助を行うことを目的とする施設とする」と定義されています。自立支援は児童養護施設の目的のひとつとされているのです。

では、児童養護施設でどのような自立支援の取り組みがなされているのでしょう。実際には施設によって自立支援の内容は異なっていますが、それらは大きく4つに分けることができます。第1に普段の生活の中での生活技術の習得、第2に実際の一人暮らしの生活を想定した自立訓練、第3に就職や進学に向けた進路指導、そして第4にアフターケアと呼ばれる施設退所後に行う支援です。

児童養護施設に入所した時から、子どもたちの自立に向けた生活技術の習得は始まっています。たとえ入所前の家庭における生活環境が不安定だったとしても、養護施設で職員や他の子どもたちと一緒に暮らしをいとなむことで、生活習慣を身につけることを目指します。たとえば、毎日定刻に起床・就寝する、食事を三食とる、門限を守る、といった生活の基本を身につけ、部屋の掃除をする、洗濯物をたたんで片付ける、などの生活技術の大切さを意識していきます。

一方で、生活技術だけでなく進学や就職といった進路指導や施設退所後の対応をするため、東京都では平成24年から独自の取り組みとして、入所児童の養育担当から分離し自立支援を専門に担当する「自立支援コーディネーター」職員の配置を始めました。

†エンパワメント

複数の児童養護施設や里親家庭の高校生が参加した、ある自立支援プログラムの場で、最終回にアンケートを募ったことがあります。「あなたのこれからの人生にとって、どんなことが役に立つと思いますか？」という質問に対して、ある高校生は「すべてが役に立つと思う」と書いた後に続けて、つぎのように答えました。「普通の家庭の子よりも自立に向けての準備ができていると、自信を持って思えるようになりました」

この言葉の背後には、静かな、でも確固とした自負が感じられます。養護施設で一つひとつの学びを重ね、自分でできることが増えるようになって自信を深め、力を発揮できる環境を取り戻したと、確信したのだと思われます。問題解決のための力を自ら獲得する、または回復させていくことをエンパワメントと呼びます。この児童はまさに自立のためのパワーを得たと実感したのでしょう。

児童養護施設の子どもたちには、それまでの不適切な養育環境の中で人格にさまざまな影響を受けている場合が少なくありません。なかには自分の価値をとても低く感じている子がいます。自分を無価値だと思い込み、「どうせ自分になんか無理だ」と過小評価している状態では、新しいことに取り組んだり、知らない人の中に入ることが難しく、本来の力を発揮することが妨げられます。新しい体験や学びからできることを増やし、小さな成功体験を重ねていくことは、失われた自信を回復させ、本来の能力を発揮し、挑戦していくことに繋がります。

†家族との関係

児童養護施設に入所する子どものうち、83%の子に戸籍上は父親か母親、もしくは両親がいます（「児童養護施設入所児童等調査〔平成20年2月1日現在〕厚生労働省雇用均等・児童家庭局」）。また児童養護施設から退所した子どものうち、家庭環境が改善したために家庭へ戻った子の比率は、64％にもなります（平成24年度厚生労働省家庭福祉局調べ「社会的養護の現況に関する調査」）。

つまり、児童養護施設の子どもの8割以上には親がいて、3分の2は退所後に家族と生活を共にしています。

ある児童養護施設の高校生男子は、「将来の夢は家族と一緒に暮らすこと」と答えました。その希望を叶えるための方法として、「家事ができるようになる」「仕事でも一人前になる」「世の中のことをもっと知る」ことを目指しており、最終的には「親を支えて、兄弟とまた一緒に生活したい」と語っていました。家族との関係を回復させると共に生活技術の習得や就労によって、家族での生活を取り戻すことも考えられるのです。

一方で、長年にわたって音信不通だった実親が、退所間近になって子どもの前に突然現れることもあります。施設から退所する児童に対しては、就職支度費や大学進学等自立生活支度費といった金銭的な支援を行う制度があります。しかし、そうした支援費だけでは、新生活に必要な生活用品を揃えるのに十分ではありません。敷金や礼金などの引越資金も必要ですし、大学へ進学する際には授業料や入学金等の学費も必要になります。この不足分は、奨学金や子ども自身が退所前の高校時代にアルバイトをして蓄えるのです。

自分の人生のためにと蓄えた数十万円ほどの貯金を、退所間際に姿を現した実親にねだられ、親子の情にほだされて結局は言われるまま差し出してしまったケースもあります。就職先に親が頻繁に訪れ金をせびり、拒否すると職場に嫌がらせをする、という話もありました。その子の気持ちや幸せを思うととても辛く難しい話ですが、親子でともに暮らすことができればそれが最善である、とは単純に考えられない例でしょう。

1999年には児童養護施設にて入所児童の家族との連絡や相談の窓口となり、親子関係の再構築と児童の家庭への復帰を目的とする専門の職員、家庭支援専門相談員（ファミリー・ソーシャルワーカー）の制度が始まりました。

†外部団体・企業からの支援

ある児童養護施設で暮らす高校3年生は、卒業後に県庁に就職したいと考えていました。その県では高卒者にとって県庁への就職は狭き門で、公務員試験の合格を目的とする予備校へ通って勉強するのが一般的でした。そのためには費用がかかります。費用はどのくらいなのか、その子と施設職員とが連れ立って予備校に概要を尋ねに行きました。予備校で質問を熱心に重ねているうちに、予備校側から「費用はいらないから勉強をしにいらっしゃい」と申し出てくださり、授業を無料で受けさせてもらえることになりました。その子は懸命に勉強をし、職員は予備校への毎日の送迎を厭わず、努力の結果とうとう県庁の採用試験に合格しました。

その子と職員が合格の報告とお礼を伝えに予備校を訪ねると、予備校の先生は「他にも受講を希望する子がいるならいらっしゃい」とおっしゃってくれたのです。

他にも、企業の社員研修プログラムに子どもを参加させ就労支援としたり、学習塾の講師が出張で授業を行い進学支援としたりする例があります。企業や団体からは様々な支援が行われています。自立訓練というと新たにカリキュラムを開発しなくてはならないと思われるかもしれませんが、子どもに向けた訓練を新規に始めるだけではなく、既に行われているプログラムをそのまま提供することでその子の自立にとって大きな学びの機会となることも多くあります。

†外部団体による自立支援プログラム

アメリカ合衆国では、施設や里親家庭で生活している高校生は自立生活となる、1年あるいは半年前から、州や委託している施設の提供する自立支援プログラムに参加します。1999年にFoster Care Independence Act of 1999という法律によって制度化されたこのプログラムは、施設や里親家庭での援助される生活から自立生活への移行を重要視し、教育・職業・就労のトレーニング、生活スキルトレーニング、薬物乱用の防止、避妊、感染症の予防や信頼できる大人との関係作りなどを目的として行われています。

制度的に行わなければならなくなった背景には、施設や里親家庭から自立した若者のうち1年半以内に50%が仕事をやめたり、33%が生活保護者になったり、20%が望まない妊娠をしてしまうという事実がありました。ところが自立支援プログラムを受けた若者はこのような事態に陥る可能性が半減したという効果が見られました。

日本において外部団体が児童の自立生活のためにトレーニングを行うプログラムでは、2001年から大阪府にある社会福祉法人大阪児童福祉事業協会アフターケア事業部が、児童福祉施設や里親家庭からの自立を控えた中学生・高校生を対象に「ソーシャル・スキル・トレーニング」を実施しています。2014年度は礼儀作法やビジネスマナー、金融機関、法律などについて学び、約120名が参加しています。

東京では2003年からNPO法人エンジェルサポートセンターが「自立支援プログラム」を開始しました。金銭管理や調理実習といった生活スキルと、メンタルケアやコミュニケーションについての講習を実施しています。他にもNPOや企業などによる独自の自立生活支援のプログラムが行われています。しかしアメリカのように法に基づいて全ての児童を対象として全国で行われている状況とは異なっているのが現状です。

表10　児童養護施設や里親家庭からの自立を支援する取り組みの例

自立支援のため社会生活技術を学ぶプログラム	実施団体
エンジェルサポート自立支援プログラム	特定非営利活動法人　エンジェルサポートセンター
ソーシャル・スキル・トレーニング	社会福祉法人　大阪児童福祉事業協会　アフターケア事業部
自立支援スクーリングプログラム	特定非営利活動法人　神奈川フォスターケアサポートプロジェクト
アン基金の自立支援プログラム	特定非営利活動法人　里親子支援のアン基金プロジェクト
自立支援セミナー	特定非営利活動法人　NPO STARS
巣立ちプロジェクト	特定非営利活動法人　ブリッジフォースマイル
相談事業（運営団体）	**事業内容**
日向ぼっこサロン（特定非営利活動法人社会的養護の当事者参加推進団体　日向ぼっこ）	社会的養護を経験した、経験している、または社会的養護を必要とした方の交流、個別相談、サポート、イベントを行なっている。
アフターケア事業　ゆずりは（社会福祉法人　子供の家）	親や家庭からの支援が得られない施設出身者の相談に乗ったり専門家への橋渡しを行なっている。
大学等への奨学助成制度（実施団体）	**対象・内容**
雨宮児童福祉財団就学助成金（公益財団法人　雨宮児童福祉財団）	全国の児童福祉施設や里親の元で生活していて、大学、短大、専門学校、専修学校に進学する子どもへ、入学金を援助する。
ゴールドマン・サックス・ギブズ・コミュニティ支援プログラム　大学進学支援事業（ゴールドマン・サックス、東京都社会福祉協議会）	四年制・六年制大学への進学を希望する東京都の児童福祉施設等の児童に対して、在学中の学費と生活費を支給する。またケースワーカーが施設と連携して学習や生活面の相談に応じる。
PMJ フォスターファミリー奨学助成（フィリップモリスジャパン株式会社）	関東甲信越静岡エリアの里親家庭に養育されていて、高校卒業後、大学、短期大学、専門学校等に進学する子どもを対象に授業料支援を目的として、年間50万円を卒業まで助成している。
カナエール（特定非営利活動法人　ブリッジフォースマイル）	4カ月間のトレーニングプログラムとスピーチコンテストに参加した児童養護施設退所者の学生へ一時金30万円と、卒業まで月々30万円の給付をしている。
大学による支援制度	**対象・内容**
日本社会事業大学　チャレンジ支援奨学金制度	学業成績・人物ともに優秀で家庭内事情により授業料の納付が困難な学生（家庭内事由の例：児童養護施設・里親家庭出身者など）に授業料全額または半額の減免。
山口福祉文化大学　学生奨学制度	児童養護施設・里親家庭から入学した学生を対象に入学金半額免除　1・2年：授業料・施設整備費・維持費全額免除　3・4年：授業料・施設整備費・維持費半額免除。
沖縄大学　児童福祉特別奨学生	児童養護施設や里親のもとで暮らす児童を対象に授業料を4年間全額免除。
学習支援を行なっている団体	**対象・内容**
特定非営利活動法人　3 keys	児童養護施設、母子生活支援施設、自立援助ホームで生活する児童への補習授業や家庭教師による学習支援を行なっている。
就労支援を行なっている団体	**対象・内容**
特定非営利活動法人　フェアスタートサポート	児童養護施設・里親家庭出身者への就職・転職支援を行なっている。

†支えあう仲間の影響

ある自立支援プログラムで、年度末に1泊2日の研修が行われました。施設や里親家庭から参加した高校生たちは、初日のプログラムを終えて談話室に集まり、就寝時間をすぎても、高校生たちだけで楽しそうにおしゃべりを続けていました。卒業や退所を間近に控えた高校生たちはどのような話題に興じるのか、通りがかりに耳を傾けてみると、彼らは次のような内容について語っていました。「私はお金がなくて進学はできないけれど、働いて貯金をして絶対大学に行く」「応援する」「私は奨学金がもらえてありがたかった」「皆がそうできる世の中になればいい」。社会の理不尽や不条理さを責めるのではなく、その社会で生きていこうと励まし合っていたのです。

翌日、プログラムの修了式にて、来賓を前に修了生は一人ずつ自分自身の未来について決意表明を行いました。「大学に行って施設職員になる」「働いて一人前になる」「来年は講師としてここに来たい」。

その様子を見ていたそれぞれの児童養護施設の施設長や職員は「今までこんな

堂々とした姿は見たことがない。立派になったなあ」と一様に驚いた様子でした。志を持つ子どもが集まる機会に自らも参加することで、いつの間にか互いに仲間同士で前向きな気持ちを持って行動するように影響を受けていたということです。

児童養護施設からの高等教育への進学が増加してきたのは2010年頃からだと推測されます。その後は進学する退所者が急激に増加してきました。これは就職のために学歴が必要であることや、奨学金などの支援が増加してきたことだけではなく、進学の目標を実現させた先輩を実際に見てきたことで、これまでは「どうせ無理だ」という思いであったのが「頑張ればできる」と考えられるようになったという、気持ちの面が大きいのではないかと考えています。

†里親家庭からの自立支援

里親家庭の場合も児童養護施設と同じく18歳で自立をしていきますが、大きく異なる点は、家庭での養育であるため、縦の関係が比較的少ないことです。児童養護施設や児童を支援する職員には多くの情報や経験が蓄積されています。また学年の異なる児童が一緒に生活をしている場合が多く、前の学年から代々受け継がれている伝統や文化が存在します。その中には就職、進学、自立生活に向けての情報も含まれ、あらかじめ退所に向けて準備をすることが可能です。また、同学年の児童の間では同時に退所を迎えることで互いの将来への不安を共有し補い合う共感的な支えもあります。

一方で、里親家庭においては、児童養護施設における自立支援コーディネーターのような制度が不足しています。自立後の支援は各里親家庭の裁量に委ねられています。なかには高校卒業後に措置が解除されてからも実家のように連絡を取り合い支援をする、あるいは高校卒業後も継続して養育を行い、生活を継続していくような家庭もあります。しかし、それはあくまで個人の善意と負担によるものであり、また、里親会やNPO等による支援も行われていますがすべてが充分ではありません。本来は制度としてすべての里親家庭出身者に対して継続してアフターケアが行われるべきであり、里親個人の負担だけに頼らずに支援機関と連携してサポートが行われる制度が必要でしょう。

平成24年には里親支援の充実を図るために児童養護施設と乳児院に「里親支援専門相談員」の配置が始まり、その趣旨のなかに「退所児童のアフターケアとしての里親支援」が盛り込まれました。

ある年に里親家庭から自立支援プログラムに参加した高校生は、初めは参加に乗り気ではありませんでした。里親さんから熱心な勧めを受けて、仕方なくやってきたと話していました。その理由を尋ねると、それまで他の里子と会ったことがなく、自分のように親と離れて里親家庭で生活している人間は、世界で一人だけだと思いこんでいたから、ということでした。しかしプログラムに参加してみれば、他の高校生も自分と同じような境遇で、全員が里親家庭や児童養護施設で生活していることに気づきました。そのとたんに友達ができ、互いに自らの境涯を語り合っていました。アンケートの「今日よかったことはなんですか?」という質問に対して、「生まれて初めて自分と同じ人に会ったこと」と書いてありました。

プログラムに参加する楽しみができたため、次回からは熱心に参加するようになりました。あとで感想を聞くと、「今まで里親さんにも学校の友達にも、自分の境涯を打ち明けたことはなかった。でも今回、自分の本当の気持ちを思い切って話したら、「わかる! わたしも同じだから」と言ってもらえた。それが一番嬉しかった」と話していました。人生において互いに共感し合える相手と出会えることの重要性を知ることができました。

†これからの自立支援

本来、「自立」とはどのような状態を指すのでしょうか。辞書を引いて調べると以下のように書いてあります。

「他の力をかりることなく、また他に従属することなしに存続すること」（精選版日本国語大辞典）「他の援助や支配を受けず、自分の力で判断したり身を立てたりすること。ひとりだち」（広辞苑第六版）

辞書の字義と同じように、自分のことを「自立している」と認識している大人はどれだけいるでしょうか。誰からも援助を受けずに生きていくことは、現代の日本で果たして可能なのでしょうか。

退所を控えた高校生に「自立とは何だと思いますか？」と尋ねたとき、ある高校生は「誰の力も借りず自分の力で生きていくこと」と答えました。別の施設で尋ねても、同じように「自分だけで生きていくこと」と答えた高校生が何人かいました。この解釈は、辞書的な意味での「自立」とよく似ています。

このように、辞書的な「自立」が理想の状態だと思い込み、他者の力を借りることなく生きていくと、ひょっとすると「孤立」になる可能性があります。誰とも関わることなく、社会の中でひとりぼっちでいる孤独な状態です。孤立した状態では健康で前向きな生活を送ることは不可能です。

家庭による支援を受けることが難しい子どもが社会の中で自立していくためには、自立に向けて必要な支援と、困難な状況に陥った際にそれを乗り越えるための支援が、より多く社会の中に用意されていることが必要です。

平成23年に厚生労働省は「児童養護施設等及び里親等の措置延長等について」という通知をし、児童福祉法での制限となる18歳を過ぎても養護施設や里親家庭にとどまることのできる制度を積極的に活用するようにしました。大学等へ進学するが生活が不安定な子ども、就職はしたけれども生活が不安定な子ども、障害や疾病などにより就職も進学も決まらない子どもは、20歳まで児童養護施設や里親家庭で生活できる、措置延長の制度です。高校卒業後の就職、進学、自活の開始、といった大きな環境の変化が一度におとずれる「移行期」においても、伴走者として施設職員や里親が変化や課題にたずさわり、子どもを支える選択肢が許容されたのです。

不安定になる時期を、これまでと同じ安定した生活環境で乗り越えることで、急激な変化ではなく自立への緩やかな移行が行われるよう、制度も変わってきています。

自立支援は児童養護施設や里親出身の子どもだけの問題ではありません。いかなる環境で育ったとしても社会の一員として生活する大人になれるよう、それまでの一時期を親だけではなく社会全体で支える自立支援は、生まれや育ちにかかわらずよき人材として働き、よき隣人として生きることができるようになるための、セーフティネットとしての社会資源です。

一方で子育てをする親にしても、子育ての困難はどの家庭にでも起こり得ることであり、困難に対して支えがある社会が望ましいことは言うまでもありません。子育てをする親、子ども自身の成長、親と子の関係、それぞれ置かれている状況に応じて、ふさわしい支援が必要です。

就労、メンタルケア、進学のための学習支援、学費の問題、家族との関係……様々な課題が存在していますが、多方面から様々な支えがなされることによって、子どもと親とが健全に成長し、どのような困難な状況でも支援を得ながらよりよく生きていくことができる社会へと変わることを信じています。

おわりに

池上彰

本書をお読みいただき、児童養護施設がどのようなものか、おわかりいただけたでしょうか。

児童養護施設での取り組みを見ることで、「子どもの貧困」の実情も見えてきたはずです。

児童虐待は貧困家庭に起きやすく、必然的に虐待を受けた子どもたちが、親から切り離されて施設に入ってきます。

そこでの子どもたちの様子を観察すると、貧困だけでなく、虐待だけでもない、重層的に積み重なってきた問題が存在することが見えてきます。

貧困の中で追い詰められた親の中には、精神疾患に苦しむ人たちも多数います。

その親の様子は、子どもにも悪影響を及ぼします。

こうした様子は、「多重逆境」と呼ばれます。なんともやり切れません。

それでも健気に生き抜く子どもたちの姿もまた、浮かび上がってきたのではないでしょうか。

子どもたちの自立を支援する。子どもたちが自立できれば、社会で就職でき、きちんと所得税や住民税を払うことができるようになる。まさに「良き納税者」を育てるのです。


「子どもの貧困」を考える上で最も大事なことは、抽象論ではなく、子どもたちの実相を把握することです。さまざまな対策づくりは、そこから始まります。

児童養護施設の子どもたちの様子は、ふだんの私たちの視野からは消えています。見えないということは、存在しないも同然。子どもたちは社会から忘れられてしまいます。社会から忘れられることの辛さ。これでは、子どもたちは自立することができません。

子どもたちを見守り、自立を助け、社会で働いて税金を納められるように育て、社会に貢献する存在にすること。これが喫緊の課題だと思うのです。
社会の中で自分の存在が確認できれば、人は絶望の淵から這い上がることが可能になります。人が、人として認められ、人として生きていくことが可能な社会。これが、私たちが築くべき社会だと思うのです。

本にまとめるに当たっては、筑摩書房の永田士郎さんにお世話になりました。永田さんの的確なアドバイスによって、本の視点が定まっていったと思います。

2015年2月

ジャーナリスト　池上　彰

ing Disorders and Other Pathologies. Karnac.
Hindle,Debbie edited (2008). *The emotional Experience of Adoption a psychoanalytic perspective.* Routledge.
Jenny Kendrick, Caroline Lindsey, Lorraine Tollemache edited (2006). *Creating New Families.* Karnac .
Lea, A (2011). "Families with complex needs". *A review of current literature.* Leicestershire Country Council.
Ruuter M, Colvert E, Kreppner J, Becket C, Castle J, Groothues G, Hawkins A, O'Connor TG, Stevebs SE, Sonuga-Barke EJ (2007). "Early Adolescent outcomes for institutionally-deprived and non-deprivedadoptees. I : disinhibited attachment". *J Child Psychol Psychiatry* 48: 17-30.

第 8 章

阿部彩『子どもの貧困――日本の不公平を考える』. 岩波新書.
飯島裕子・ビッグイシュー基金 (2011). 『ルポ　若者ホームレス』. ちくま新書.
ＮＰＯ法人社会的養護の当事者参加推進団体日向ぼっこ (2009). 『施設で育った子どもたちの居場所「日向ぼっこ」と社会的養護』. 明石書店.
加藤久和 (2011). 『世代間格差――人口減少社会を問いなおす』. ちくま新書.
川崎二三彦 (2006). 『児童虐待――現場からの提言』. 岩波新書.
小林雅之 (2008). 『進学格差――深刻化する教育費負担』. ちくま新書 .
社会福祉法人全国社会福祉協議会 (2009). 『子どもの育みの本質と実践――社会的養護を必要とする児童の発達・養育過程におけるケアと自立支援の拡充のための調査研究事業　調査研究報告書』.
社会福祉法人東京都社会福祉協議会児童部会リービングケア委員会 (2010). 『生い立ちの整理』.
社会福祉法人東京都社会福祉協議会児童部会 (2014). 『児童福祉研究』. No. 26.
東京都福祉保健局 (2011). 『東京都における児童養護施設等退所者へのアンケート調査報告書』 .
山野良一 (2014). 『子どもに貧困を押しつける国・日本』. 光文社新書.

主な参考文献

第4章〜第7章

池上和子（2007）.「乳幼児期の心理社会的剝奪状況が子どもの精神的健康と発達に及ぼす影響――施設養育研究の概観と展望」.『思春期青年期精神医学17（２）』. pp.145－154.

池上和子（2008）.「現代の剝奪的状況への介入から迫る精神発達」.『思春期青年期精神医学18（２）』. pp.158－167.

川松亮（2008）.「児童相談所からみる子どもの虐待と貧困――虐待のハイリスク要因としての貧困」.『子どもの貧困』（浅井春夫・松本伊智朗・湯澤直美編）. 明石書店.

高橋利一・岩崎浩三・池上和子（2013）.『社会的養護の未来をめざして――東京都の児童養護施設等退所者の実態調査からの検討と提言』. 筒井書房.

藤原千沙（2012）.「母子世帯の貧困と学歴」.『現代思想』（特集　女性と貧困）. vol.40－15. 青土社.

ハットン、ジョアン（2006）.「公的保護の下にある子どもたちについて共に考える」.『被虐待児の精神分析的心理療法』（ボストン、メアリー・スザー、ロレーヌ・編著. 平井正三・鵜飼奈津子・西村富士子監訳）. 金剛出版.

堀場純矢（2013）.『階層性からみた現代日本の児童養護問題』. 明石書店.

松本伊智朗編著（2010）.『子ども虐待と貧困』. 明石書店.

山野良一（2008）.『子どもの最貧国・日本』. 光文社新書.

ラニャード、モニカ・ホーン、アン編著. 平井正三・脇谷順子・鵜飼奈津子監訳（2013）.『児童青年心理療法ハンドブック』. 創元社.

Antrew Briggs edited（2012）. *Waiting to be Found : Papers on Children in Care.* Karnac.

Castle J, Rutter M, Colvert E, Becket C, Groothues G（2006）. "Service used by families with children adopted from Romania". *Journal of Children's Services* 1: 5-15.

Gianna Williams（2002）. *Internal Landscapes and Foreign Bodies : Eat-*

編著者略歴

池上彰（いけがみ・あきら）
カバー裏略歴参照。

執筆者略歴

高橋利一（たかはし・としかず）
1939年東京生まれ。児童養護施設至誠学園指導員、施設長。1993年日本社会事業大学教授を経て、法政大学現代福祉学部教授。定年後、法政大学名誉教授。社会福祉法人至誠学舎理事長を経て、現在相談役、同園名誉園長。施設退所者の大学等進学支援・実家活動。至誠奨学育英会を立ち上げ代表理事。日本児童養護実践学会理事長。

池上和子（いけがみ・かずこ）
博士（学術）、臨床心理士。東北福祉大学特任准教授および赤坂アイ心理臨床センター代表。精神分析的心理臨床を基盤に児童養護施設、里親への支援、研修を中心に活動。共著に『格差社会を生き抜く読書』（ちくま新書）、訳書に『社会的養護から旅立つ若者への自立支援』（マイク・シュタイン著、福村出版）がある。

高橋利之（たかはし・としゆき）
1972年生まれ。特定非営利活動法人エンジェルサポートセンター理事長。企業で働く傍ら、全国の児童養護施設等からの自立を支援する活動に携わる。

ちくま新書
1113

日本《にほん》の大課題《だいかだい》　子《こ》どもの貧困《ひんこん》
――社会的養護《しゃかいてきようご》の現場《げんば》から考《かんが》える

二〇一五年三月一〇日　第一刷発行
二〇一九年一二月五日　第四刷発行

編者　池上彰（いけがみ・あきら）
発行者　喜入冬子
発行所　株式会社　筑摩書房
東京都台東区蔵前二-五-三　郵便番号一一一-八七五五
電話番号〇三-五六八七-二六〇一（代表）
装幀者　間村俊一
印刷・製本　三松堂印刷　株式会社

ISBN978-4-480-06818-7 C0236